Beer / Kludas

Die Kaiserliche Marine auf alten Postkarten

Vom Fels zum Meer
H. HEPP, MANNHEIM.
Kaiser Wilhelm II
Deutscher Kaiser

Die Kaiserliche Marine auf alten Postkarten

Gesammelt und herausgegeben
von Theo Beer
Texte und Gliederung
von Arnold Kludas

Weltbild Verlag

Die Vorlagen zu den für diesen Band zusammengestellten Abbildungen stammen zum überwiegenden Teil aus einer der größten deutschen Sammlungen von Ansichtskarten, die der Frankfurter Sammler Karl-Theo Beer zusammengetragen hat. Ergänzende Postkarten stellte dankenswerter Weise das Deutsche Schiffahrtsmuseum, Bremerhaven, zur Verfügung.

Dieser Band kann und soll keine Geschichte der Kaiserlichen Marine sein und auch ein Flottentaschenbuch nicht ersetzen. Ganz bewußt beschränken sich die Angaben zu den Darstellungen auf den einzelnen Karten auf das Notwendigste.

Als Quellen wurden das „Lexikon zur deutschen Marinegeschichte" von Hans Jürgen Witthöft (2 Bd., Herford 1977/78) und „Die deutschen Kriegsschiffe 1815-1945" von Erich Gröner (Bd. 1, München 1982) herangezogen.

Genehmigte Lizenzausgabe für
Weltbild Verlag GmbH, Augsburg 1995

Einbandgestaltung: Klaus Beilstein, Oldenburg
Gesamtherstellung: Westermann Druck Zwickau GmbH
Printed in Germany
ISBN 3-89350-706-X

Inhalt

DEUTSCHER FLOTTEN-
VEREIN · MARINE-
AUSSTELLUNG · ZU
· DRESDEN ·
Fr. Wilh. Ruhfus, Dortmund
Dr. 8.1.00

Einleitung

Beide begannen ihren Höhenflug ungefähr zur selben Zeit, die Ansichtspostkarte und der junge Kaiser Wilhelm. Während jedoch die Ansichtskarte aus unserem heutigen Leben nicht mehr wegzudenken ist, blieben des Kaisers Deutsches Reich und seine gewaltige Flotte eine Episode. Eine Episode allerdings, die wegen ihrer bis in die Gegenwart reichenden Auswirkungen sehr viel mehr war als eine Marginalie der Weltgeschichte.

Die Lexika nennen 1870 als Ursprungsjahr der Ansichtspostkarte. Fest steht, daß Heinrich von Stephan als Generalpostmeister des Norddeutschen Bundes 1870 die Correspondenzkarte eingeführt hatte, die sich wegen ihres niedrigen Portos großer Beliebtheit erfreute. Noch im selben Jahr stellte der Oldenburger Buchdrucker Schwarz eine Karte her, deren Vorderseite die Abbildung eines Kanoniers zeigte. Die Verbesserungen der verschiedenen Druckverfahren führten schnell zu einer weltweiten Verbreitung der Ansichtspostkarte. 1904 zum Beispiel wurden im Bereich des Weltpostvereins 4,8 Milliarden Postkarten verschickt. Bis 1905 galt die Regelung, daß eine Seite der Karte ausschließlich der Anschrift vorbehalten war. Auf den Karten vor 1905 ist deshalb meistens die Bildseite beschrieben.

Erst seither gibt es die heute noch gebräuchliche Form der Ansichtskarte. Die Motive für die Bildseiten der Karten waren und sind Legion.

Uns interessieren die Marinemotive, die in Deutschland nach 1890 in rasch wachsender Zahl auf den Markt kamen. Tüchtige Geschäftsleute haben ja in allen Zeiten stets schnell die Trends erkannt und darauf reagiert. Die Vorliebe des Kaisers für die Marine machte diese bald populär und alles, was damit zusammenhing, gut verkäuflich. Als dann 1898 das erste Flottengesetz verabschiedet wurde und gleichzeitig der Deutsche Flottenverein seine Werbetätigkeit in allen deutschen Gauen begann, nahm das Geschäft mit der maritimen Ansichtskarte Dimensionen an, die niemand vorausgesehen hatte. Auf Postkarten ließ sich alles verkaufen, was mit der aufstrebenden deutschen Marine auch nur im entferntesten zu tun hatte — von den majestätischen Schiffen und dem Dienstbetrieb auf ihnen und an Land über die Portraits der führenden Offiziere bis hin zu den maritimen Aktivitäten des Kaisers selbst. Der Kitsch trieb bei diesen Produktionen gelegentlich unfaßbare Blüten; die Erfindungsgabe der Kartenhersteller war unerschöpflich. Denn wenn auch der Flottenverein und andere halboffizielle Stellen Postkartenserien herausgaben, den Löwenanteil des Geschäfts besorgten private Hersteller.

Die Postkartenflut war nämlich keineswegs eine, wie man heute meinen könnte, von „oben" geplante und veranlaßte Indoktrination eines ganzen Volkes, dessen Zukunft sein Herrscher auf dem Wasser sah. Ganz im Gegenteil. Die friedlichen und erfolgreichen Jahrzehnte des zweiten Deutschen Reiches machten — nach den Jahrhunderten der Uneinigkeit und des Ausgeliefertseins an fremde Willkür — das deutsche Volk in seiner überwiegenden Mehrheit zu stolzen und zufriedenen Untertanen eines

Kaisers, dem die Menschen zutrauten, daß er sie einer immer besseren Zukunft entgegenführte. Man akzeptierte die Zeit, in der man lebte.

Das läßt sich auch an den Ansichtspostkarten ablesen. Diese als kurzlebiges Verbrauchsgut gedachten Grußkarten spiegeln in eigenartig eindringlicher Weise die damalige Gegenwart wider. Wir erfahren daraus, was für die Menschen wichtig war oder was sie für wichtig hielten. Wir erkennen, was damals modern war, und sehen, worüber man lachte. Und wir lesen, woran die Menschen damals glaubten oder glauben sollten.

Diese alten Postkarten mit ihren zeitgenössischen Texten sind eindringlichere Zeitdokumente, als es zum Beispiel Fotos sind, die man interpretieren und damit manipulieren kann. Die Postkarten entziehen sich einem solchen Mißbrauch. Text und Bild gehören zusammen, und in dieser unauflöslichen Einheit wirken sie auf den heutigen Betrachter — je nach dessen Mentalität — entlarvend, rührend, erschütternd und auch lächerlich. Sozusagen spielerisch interpretieren die Karten eine Epoche unserer Geschichte. Kritiker mögen hier einwenden, daß diese Postkarten doch kaum etwas über die Schattenseiten jener Zeit aussagen. Führt nicht das Fehlen solcher Gegenpole zwangsläufig zur Unausgewogenheit? Für die damals Lebenden sicherlich. Für uns heutige, die wir ja die Vergangenheit kennen, offenbart sich der dokumentarische Wert der Karten aber gerade auch in dem, was nicht gezeigt wurde.

Es ist keineswegs nur nostalgischer Reiz, den diese Dokumente einer fernen Vergangenheit in uns wecken. Die Karten bieten Anregung zum Nachdenken, sie machen die Gefahren einer Hochrüstung genauso deutlich wie die Gefahren, die von Doktrinen und Ideologien ausgehen.

GRUSS VON UNSERER MARINE.

No 179

Der Kaiser und seine Marine

Die Vorliebe Kaiser Wilhelms II. für die Marine ist eine allgemein bekannte Tatsache. Schon als Kronprinz hatte er die internationale maritime Entwicklung beobachtet. Von ihm gingen mancherlei Anregungen aus. So hatte er sich schon früh dafür eingesetzt, der deutschen Werftindustrie beim Bau hochwertiger deutscher Handels- und Kriegsschiffe eine Chance zu geben. Bekannt sind auch die ,,Flottentafeln seiner Majestät'', großformatige Bögen, auf die der Kaiser immer wieder eigenhändig die Seitenrisse seiner Kriegsschiffe skizzierte. Oft erweiterte er diese Blätter um die Gegenüberstellungen der ausländischen Flotten. Denn an den ausländischen Flotten maß Wilhelm seine Erfolge beim Ausbau der deutschen Seemacht. Seinen britischen Verwandten und auch dem russischen Zaren Nikolaus wollte er mit dem Aufbau der deutschen Weltmacht imponieren.

Für seine gern unternommenen Auslandsreisen ließ er sich die Staatsjacht ,,Hohenzollern'' bauen, die alljährlich in den sommerlichen Fjorden Norwegens anzutreffen war. Im Volksmund, der damals so scharf und treffend urteilen konnte wie heute auch, brachte dem Kaiser das einen Spitznamen ein. Anknüpfend an die für seine Vorgänger gebräuchlichen Bezeichnungen „ der weise Kaiser" und „der greise Kaiser" nannte man Wilhelm II. den „Reisekaiser".

Als begeisterter Segler machte Kaiser Wilhelm den Hochseesegelsport in Deutschland populär. Schon 1891 hatte Wilhelm den Kieler Regattaverein zum Kaiserlichen Yacht Club gemacht, dessen Regatten bald Treffpunkte der großen und schließlich auch der internationalen Gesellschaft wurden. Die Kieler Woche verdankt ihre Bedeutung der im Kaiserreich begründeten Tradition. Auch auf anderen Gebieten ebnete der Kaiser seinem Land den Weg in die erste

Reihe der Nationen. Die großartige Stellung der deutschen Handelsschiffahrt vor dem Ersten Weltkrieg war zwar sicher nicht in erster Linie des Kaisers Verdienst, sondern auf die Initiative der deutschen Privatreeder zurückzuführen. Ohne die stabile Großmacht Deutschland im Rücken hätten es die deutschen Reeder aber wohl sehr viel schwerer gehabt.

Außenpolitisch legte der Kaiser mit Vorliebe ein Imponiergehabe an den Tag, das er sicher nicht so martialisch meinte, wie er bisweilen formulierte, das aber letztlich doch zu einer Abwehrhaltung der potentiellen Gegner Deutschlands führte. Am bekanntesten und folgenreichsten war wohl die Rede, die Wilhelm II. im Juli 1900 in Bremerhaven hielt, als er einen zum Boxeraufstand nach China bestimmten Truppentransport verabschiedete. Der Kaiser forderte seine Soldaten auf, sich in China wie die Hunnen zu benehmen, keinen Pardon zu geben und keine Gefangenen zu machen. Das war dann zwar wieder einmal nicht so gemeint — der Kaiser hatte unter dem Eindruck einer unmittelbar zuvor erhaltenen Greuelnachricht gesprochen —, aber immerhin hatte Wilhelm seinem Volk zu einem von seinen späteren Kriegsgegnern gern gebrauchten Spitznamen verholfen.

Daß Deutschland durch seine Politik allmählich isoliert und eingekreist wurde, empfand der Kaiser als unfreundliches Handeln der anderen Mächte, für das er in seinen eigenen Handlungen und Äußerungen keine Ursachen zu erkennen vermochte. Obwohl der Monarch ein eher entfremdetes Verhältnis zu seinem Volk hatte, wurde ihm doch von weiten Kreisen eine Zuneigung entgegengebracht, die schließlich sogar in eine Art Personenkult überging. In der Kaiserlichen Marine war sein Ansehen besonders hoch, nicht nur bei den Offizieren, sondern durchaus auch bei den Mannschaften. Der Kaiser war das große Vorbild, dem nachzueifern und in patriotischer Pflichterfüllung zu dienen der Marine eine selbstverständliche und freudige Ehrensache war.

Typische Karten aus den Jahren um 1900. Kaisers Geburtstag war ein in allen Volkskreisen beliebter Feiertag.

Wilhelm II. Kaiser von Deutschland
Eduard VII. König von England
Gruss von der Kieler Woche.
Kriegshafen.

Ankunft S. M. Yacht
„Hohenzollern“
im Kieler Hafen.

Unser Kaiser.

Unser Kaiser.
7688
Verlag von
Gustav Liersch & Co
Berlin S.W.48.
Jürgensen
phot.

1113

Willy Stöwer
1912.

Kaiser Wilhelms Vorliebe für Uniformen und wirkungsvolle Posen war groß. Er soll über 300 in- und ausländische Uniformen besessen und bei entsprechenden Gelegenheiten auch getragen haben.

Des Kaisers Hochsee-Dampfyacht „Hohenzollern". Auf der rechten Seite oben die große Segelyacht „Germania" von Dr. Krupp und unten die „Iduna" der Kaiserin.

Germania am Leuchtturm von Friedrichsort

Deutscher Flotten-Verein
Kunstdruck Wendisch, Berlin-Schöneberg

I. M. Yacht „Iduna“

Der Kaiser, Prinz Adalbert, Prinzessin Viktoria Luise
und die Kronprinzessin mit den Prinzen Wilhelm,
Louis Ferdinand und Hubertus.
4456
Phot. Th. Jürgensen, Kiel

Nordlandreise des Kaisers.
Der Kaiser auf der Kommandobrücke der Hohenzollern.
4568
Phot. Th. Jürgensen, Kiel

Nordland-Reise
des Kaisers.
Der Kaiser
auf S. M. S. Sleipner
auf der Fahrt
im Traafjord.
Phot. Th. Jürgensen, Kiel

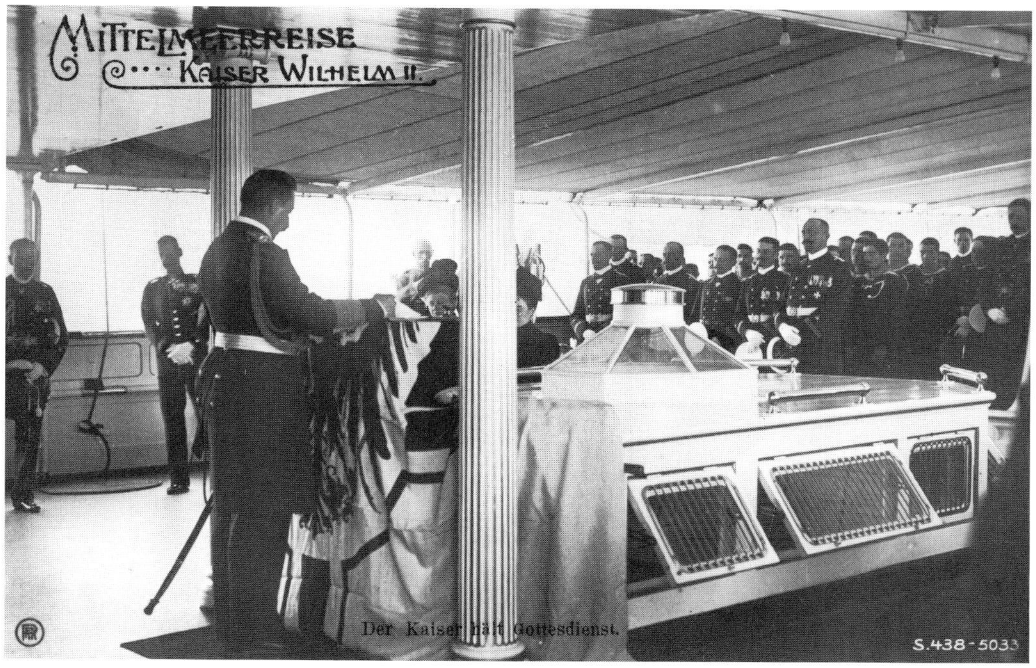
MITTELMEERREISE
KAISER WILHELM II.
Der Kaiser hält Gottesdienst.
S.438-5033

MITTELMEERREISE
KAISER WILHELM II.
Der Kaiser mit seinen Hunden.
S.439-5037

MITTELMEERREISE
KAISER WILHELM II.
Der Lieblingshund des Kaisers.
S.439-5034

Der am 30. April 1898 unter der Schirmherrschaft des Prinzen Heinrich von Preußen gegründete Deutsche Flottenverein hatte die Aufgabe, den „deutschen Seegedanken" zu beleben und die Flottenbaupläne populär zu machen. Vor dem Ersten Weltkrieg zählte der Verein über eine Million Mitglieder und war damit eine politische Macht, mit der auch der Reichstag rechnen mußte.

S. M. „HOHENZOLLERN"

S.M. Panzerschiff „Brandenburg."
Kyffhauser-Denkmal
Gesetzlich geschützt No 3410

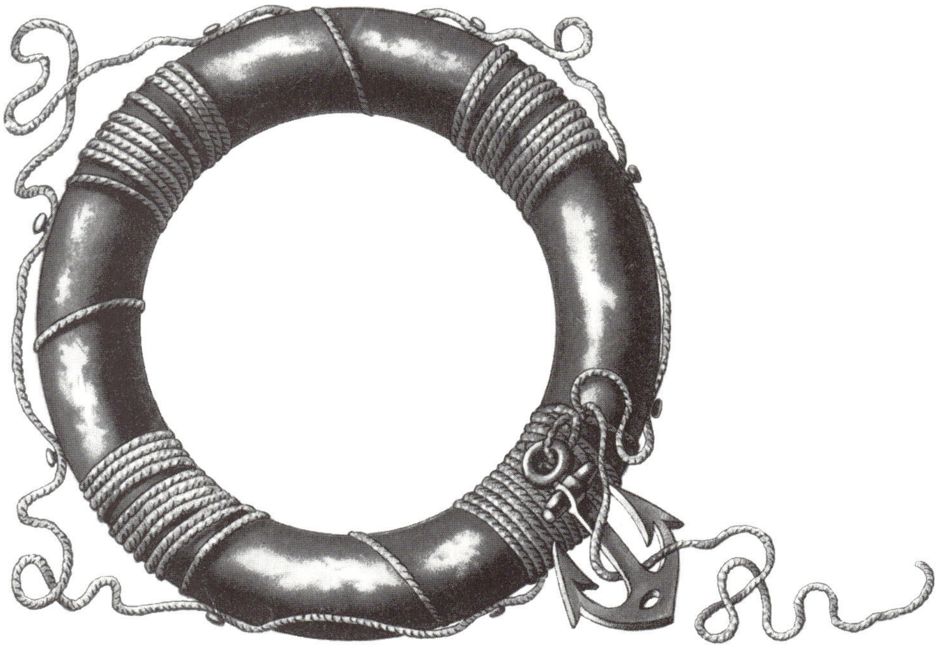

Kolonien

Das deutsche Kolonialreich in Afrika war schon vor dem Regierungsantritt Kaiser Wilhelms II. geschaffen worden, übrigens von Privatleuten und sehr lange Zeit gegen den Willen des Reichstags und Bismarcks. Nur in der Südsee und durch den Erwerb Kiautschous kamen während Wilhelms Regierungszeit weitere Gebiete dazu.

Tsingtau in Kiautschou war auch der einzige nennenswerte Flottenstützpunkt der Kaiserlichen Marine in außereuropäischen Gewässern. So wird erklärlich, daß auf den maritimen Kolonialpostkarten fast ausschließlich die ostasiatischen Gebiete vorkommen.

Kiautschou mit seiner Hauptstadt Tsingtau war 1898 für 99 Jahre von China gepachtet worden, nachdem 1897 ein deutsches Kreuzergeschwader die Ermordung zweier deutscher Missionare zum Anlaß genommen hatte, das Gebiet durch ein Landungskorps zu besetzen. In den Jahren der deutschen Herrschaft wurde Kiautschou geradezu mustergültig entwickelt. Die Bevölkerung Tsingtaus wuchs von 83000 vor 1898 auf 200000 Einwohner im Jahre 1914 an. Rund 1500 deutsche Marinesoldaten bildeten die Garnison, Gouverneur des sogenannten Schutzgebietes war stets ein Marineoffizier. Im Gegensatz zu den anderen deutschen Kolonien war für Kiautschou nicht das Kolonialamt, sondern das Reichsmarineamt zuständig. Damit wurden der Charakter und die Bedeutung Tsingtaus als deutscher Flottenstützpunkt unterstrichen.

Die auf den folgenden Blättern bis Seite 36 abgebildeten Karten enthalten neben den üblichen Ansichtskarten auch einige interessante Stücke, die unverblümt die damals selbstverständliche überhebliche Großmachtmentalität der Kolonialherren darstellen. Auch erste kriegerische Auseinandersetzun-

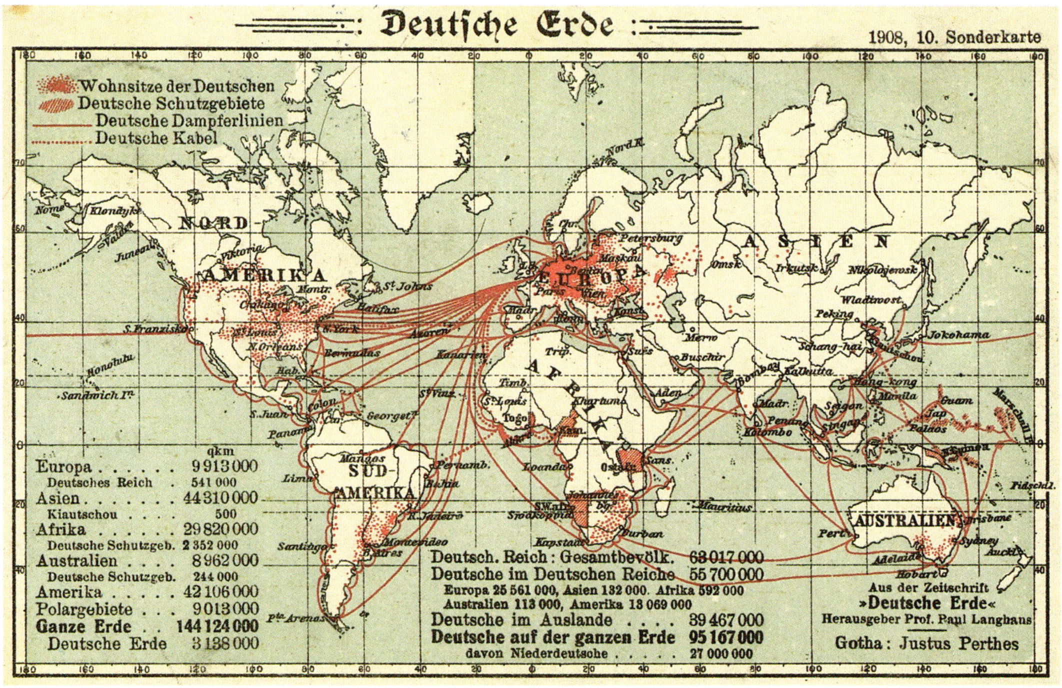

gen sind Themen, wie der Kampf der ,,Iltis'' vor den Takuforts während des chinesischen Boxeraufstandes 1900.

723
S.M.S. Deutschland u. Gefion.
unter Volldampf.
Einfahrt zum Hafen von Kiaotschau.
A.H.
KUNSTANSTALT J. MIESLER, BERLIN S.

873
Torpedos unter Volldampf.
Kiaotschau.
Das von den Deutschen besetzte Fort.
Torpedo Division.
A.H.
KUNSTANSTALT J. MIESLER, BERLIN S.

727
KUNSTANSTALT J. MIESLER, BERLIN S.
Kiaotschau
Das von den Deutschen besetzte Fort
S.M.S. Deutschland
S.M.S. Gefion.
A.H.

Die über 20 Jahre alte „Deutschland" wurde 1897 nach Kiautschou entsandt. Später diente sie dem Prinzen Heinrich als Flaggschiff des Kreuzergeschwaders bei Staatsbesuchen in ostasiatischen Ländern.

HERZLIEBCHEN MEIN
UNTERM REGEN-SCHIRM
Ottmar Zieher, München.

Ankunft der Chinapferde mit dem Dampfer Cassius im Binnenhafen zu Brunsbüttel-Koog.
Photographie u. Verlag von Th. Backens, Marne.

S.M. Kreuzer „Kaiserin Augusta."
in Ostasien.
30.12.99.

Nur einen Tag brauchte die deutsche Post 1902 von Kiautschou nach Tsingtau.

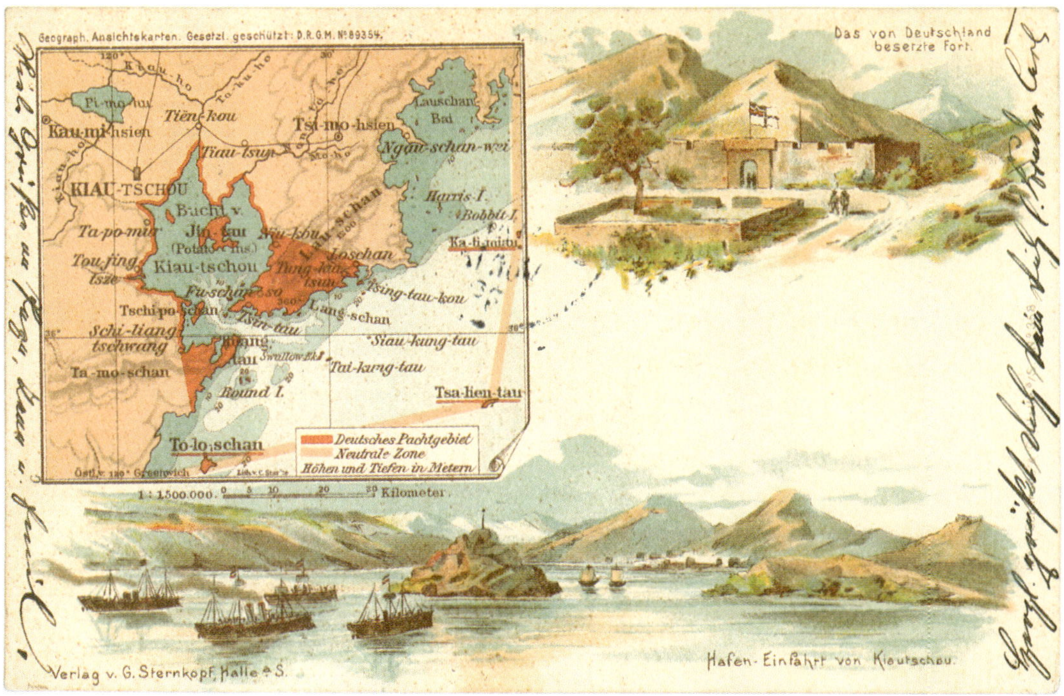

Ich werd' ein Deutscher —
muss ein Deutscher sein.
An's Vaterland an's teure schliess Dich an
Sonst krieg'st Du von uns jammervolle Keile
Begreifst Du auch jetzt unser'n Flottenplan?
Dich eingemeinden galt's — darum die Eile —
No. 729

Tsingtau
Bismarckkasernen

Die deutsche Flotte in der Kiautschaubucht.
D. R. G. M.
No. 7.
Emil Zimmermann

Großzügige Straßen und europäische Stilelemente bestimmten das Bild Tsingtaus.

No 382.
Haus I u. Haus II.
Haus V
Casino.
Gruss aus Dar-es-Salaam
(Deutsch-Ost-Afrika)
Bruno Bürger & Ottillie, Lith. Anst. Leipzig

Eingeborener von Neupommern.
Tanzmasken (K. Wilh.-Inseln.)
Gruss aus dem Bismarck-Archipel.
Matupi 5. Dez. 1900

Aus den deutschen Kolonien kommen bereits: Usambara-Kaffee Pfd. M. 1.00. 1.20. 1.40. 1.60. 1.80. 2.—. Kamerun-Kakao Pfd. M. 2.—. 2.20. — -Schokolade 1.20. 1.60. 2.20. Erdnuss-Speiseöl Pfd. M. 0,95. Zigarren von 4—25 Pfg. Deutsches Kolonialhaus Bruno Antelmann, Berlin, Jerusal.-Str. 28.
Friedrich Wilhelms Hafen.
Gruss aus Neu-Guinea
Erima-Hafen.

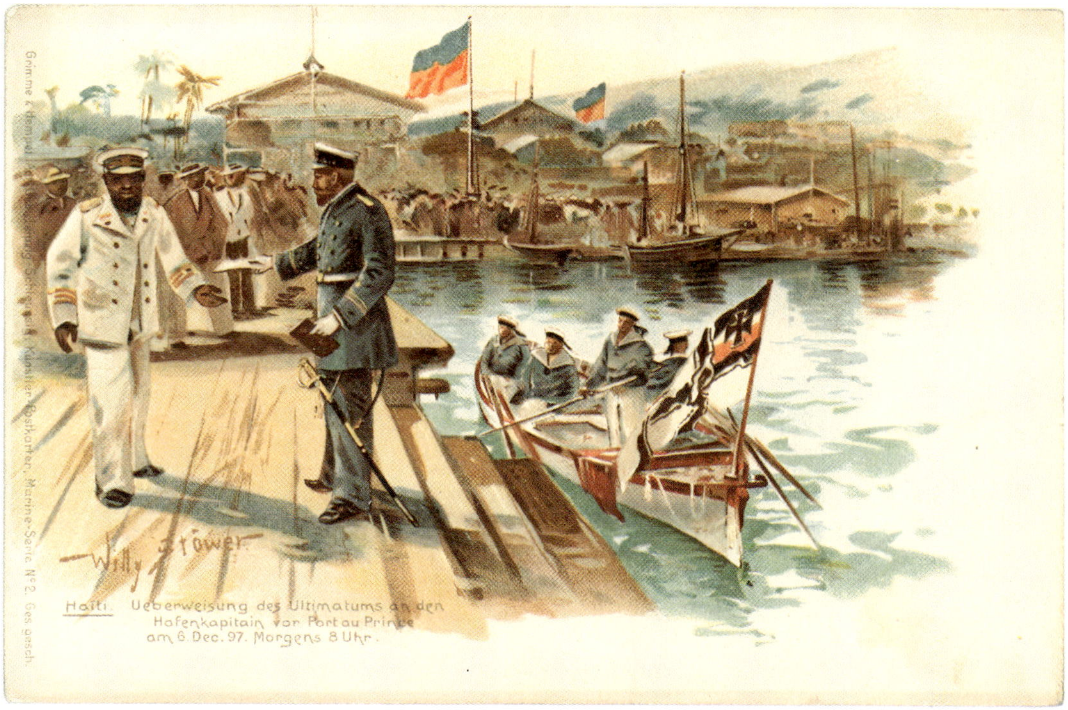
Grimme & Hempel
Künstler-Postkarten, Marine-Serie №2. Ges. gesch.
Willy Stöwer
Haiti. Ueberweisung des Ultimatums an den Hafenkapitain vor Port au Prince am 6. Dec. 97. Morgens 8 Uhr.

Fahr' mich hinüber schöner Schiffer!
Unsere Marine.
№169.

Behüt' dich Gott, es wär zu schön gewesen!
Unsere Marine.
№171.

Seemann's Liebe
II
Mit Deinem herrlichen Busen,
Mit Deinem feurigen Blick
Erfreust Du des Seemanns Leben,
Verschönerst des Seemanns Geschick.

Seemann's Liebe
III
Ob schwarz oder weiss sind die Mädchen,
Dem Seemann ist alles gleich,
Er kann ohne Mädchen nicht leben,
Die Liebe ist sein Himmelreich.

Seemann's Liebe
IV
Ob gelb oder braun sind die Madchen,
Zum Lieben ist immer er klar;
Es gehört ja zu seinem Berufe,
Und droht ihm auch Kampf und Gefahr.

Seemann's Liebe
V
Und sind's auch geschlitzte Augen,
Die Seemannsliebe ist blind,
Er findet an allen Gefallen,
Auch an dem chinesischen Kind.

Rassische Ressentiments konnte man der deutschen Marine keinesfalls vorwerfen. Im Gegenteil, und so mancher Jüngling wird an die hier dargestellten Verheißungen gedacht haben, als er sich zur Marine meldete.

Auf der Rückseite der Karte: S.M. Kanonenboot „Iltis" in der Schlacht bei den Takuforts am 17. Juni 1900.

Auf der Rückseite der Karte: Flottenbesuche

Auf der Rückseite der Karte:
S.M. der Kaiser besichtigt an Bord S.M. Schulschiff „Hansa“ das Exerzieren an den kleinen Schnellade-geschützen.

Auf der Rückseite der Karte:
S.M. der Kaiser an Bord des Groß-linienschiffes „Nassau“.

Willy Stöwer
Flaggschiff „Deutschland“ verlässt Kiel

GRUSS
von der Marine.

MARINE SCHAUSPIELE
Unter dem Protektorate des Deutschen Flottenvereins.
NACHBILDEN VERBOTEN.
REISINGER u. Co. KÖLN.
INDUSTRIE-, GEWERBE- U.
KUNST-AUSSTELLUNG
DUESSELDORF 1902.
Unsere Zukunft liegt auf dem Wasser!

MITTELMEERREISE
KAISER WILHELM II.
Der Kaiser und seine Hunde.
S.438-5030

MITTELMEERREISE
KAISER WILHELM II
40.–
S.438-5029

Kaiser Wilhelm
an Bord S. M. Y. Meteor.

Gott segne unsre Flotte!

Wir Deutschen fürchten Gott
sonst nichts in der Welt!

Mit frohem Mut
Hurra, Hurra!

Gruss aus
Und
drohet das Meer
auch noch so wild,
Ich fürchte nicht
Sturmeswehn.
Seh' ich nur im Geiste
der Heimath Bild,
Es sagt mir:
„Auf Wiedersehn!"

8407
Stolz weht die Flagge Schwarz, Weiß, Rot, von unsres Schiffes Mast, dem Feinde weh, der sie bedroht, der diese Farben hasst! Sie flattert an der Heimat Strand im Winde hoch und hehr, und weit vom teuren Vaterland auf sturmbewegtem Meer! Ihr woll'n wir treu ergeben sein, getreu bis in den Tod, ihr woll'n wir unser Leben weih'n der Flagge Schwarz, Weiß, Rot!

Heizer Schütz II Werft
Division Wilhelmshaven

8402
GRUSS
von der
MARINE
LEIPZIG

Parolen- und Grußpostkarten wie die hier und auf den folgenden Seiten abgebildeten entsprachen in ihrer Kitschigkeit dem Zeitgeschmack.

Kieler Woche.
S. M. S. „Hohenzollern".
Kiel, den 29/6 1905.

„Meteor"
Schooneryacht Sr. Majestät des deutschen Kaisers.

S. M. Yacht „Hohenzollern"
Ausreise nach Norden.
Willy Stöwer
Lith-Artist Anstalt München, Serie 97 No. 21460
(vorm. Gebrüder Obpacher)

Salut
DEUTSCHER
FLOTTENVEREIN
Deutscher Flottenverein
wie geht es
Ihnen. Hoffentlich recht
gut. Sie werden
meine letzten
Karten erhalten
haben, ohne jedoch zu

Durch Kampf
zum Sieg!

Viele Grüße an meine
liebe Hilda. Ich werde
wohl Ostern auf Urlaub
kommen. Auf wiedersehen.

Die exotischen Schönen ferner Länder gehörten keineswegs zum Marinealltag, für die Matrosen der Auslandskreuzer waren sie angenehme Erscheinungen.

Nr. 1. Prinz Heinrich mit seinem Stabschef Lans.

Nr. 5. Torpedoboot in See.

Nr. 8. Hochseeflotte in Doppelkiellinie.

Der Kaiser und seine Marine am Ziel: Deutschlands Seemacht steht!

Lith-Artist. Anstalt München, Serie 97 No. 21464
(vorm. Gebrüder Obpacher.)

Herzlichen Willkommen!
Noch immer an der See
Dein Ferdinand

Die Flotte

Unter den Heeresgenerälen von Stosch und ab 1883 von Caprivi war die Kaiserliche Marine als Streitmacht zur aktiven Verteidigung der deutschen Küste konzipiert worden. Ein Konkurrieren mit der britischen oder der französischen Flotte war nicht beabsichtigt und eine überseeische Verwendung von Schiffen war kaum vorgesehen. Die unter solchen Gesichtspunkten gebaute Flotte, die Wilhelm II. 1888 bei seinem Regierungsantritt vorfand, war im internationalen Vergleich weniger als zweitrangig. Das sollte nun anders werden.

Schon 1889 ernannte der Kaiser einen Marineoffizier zum Chef der Admiralität. Damit wertete er die Waffengattung Marine auf, die zusätzlich noch dadurch eine Sonderstellung einnahm, daß der Kaiser ihr oberster Befehlshaber war, im Gegensatz zum Landheer, das den Landesfürsten unterstand. Schwieriger war es schon, gegen die ablehnende Haltung des Reichtages den Ausbau der Flotte durchzusetzen. Erst ab 1897, als Admiral von Tirpitz das Reichsmarineamt übernahm, setzte eine neue Entwicklung ein. 1898 nahm der Reichstag das Flottengesetz an, das langfristig Ausbau und Stärke der deutschen Marine festlegte. Ein zweites Flottengesetz wurde 1900 verabschiedet. Dieses sah bis

1917 ein Anwachsen der Flottenstärke auf 38 Linienschiffe, 14 Große Kreuzer und 38 Kleine Kreuzer vor, einschließlich der im Jahre 1900 bereits vorhandenen Schiffe. Damit wäre die deutsche Flotte nach der britischen die zweitstärkste der Welt gewesen.

Es ist bekanntlich nicht erst heute so, daß gute Waffen von besseren und diese wenig später von noch besseren übertroffen werden. Die erste Ausbaustufe der deutschen Flotte war kaum abgeschlossen, als im Russisch-Japanischen Krieg 1905 in der Straße von Tsushima die erste große See-

schlacht zwischen modernen Schlachtflotten stattfand. Aus dieser wurden nicht nur strategische und taktische Lehren gezogen, sondern vor allem auch neue schiffbau- und waffentechnische Erkenntnisse gewonnen.

Fast zur gleichen Zeit bauten die Engländer das erste Großkampfschiff der Welt, das 1906 als „Dreadnought" in Dienst gestellt wurde und mit seinen 22500 Tonnen und zehn 30,5-cm-Geschützen ganze Generationen von Schlachtschiffen zu „Pre-Dreadnoughts" deklassierte. Sein Erscheinen bedeutete eine Herausforderung nicht nur für die Kaiserliche Marine; in aller Welt machte man sich daran, den britischen Vorsprung aufzuholen.

Nach wenigen Jahren entstanden auch auf den deutschen Werften Schlachtkreuzer und Linienschiffe vom Dreadnought-Typ. Das maritime Wettrüsten setzte sich auf der nun höheren Ebene fort. Novellen zum Flottengesetz wurden erlassen, die die Schiffszahlen vergrößerten und die Lebensdauer der Linienschiffe auf 20 Jahre herabsetzten. Auf deutschen und britischen Werften entstanden jetzt die Schiffe, die im Ersten Weltkrieg in der Seeschlacht vor dem Skagerrak aufeinanderprallen würden.

Daß in jener größten klassischen Seeschlacht der Geschichte die deutschen Schiffe eine größere Standfestigkeit und Sinksicherheit als die britischen an den Tag legten, daß die deutsche Artillerie besser schoß und wirkungsvoller war als die gegnerische und daß die zahlenmäßigen Verluste der Briten höher waren als die der Deutschen, alles dies konnte nicht darüber hinwegtäuschen, daß Deutschlands Schlachtflotte seine nutzlose Überflüssigkeit bewiesen hatte. Dieses vom Kaiser und den Deutschen so geliebte Instrument war nicht in der Lage gewesen, die 1914 von den Briten verhängte Blockade des deutschen Überseehandels zu verhindern. Es war auch nicht in der Lage gewesen, die britische Flotte entscheidend zu dezimieren. Deutschlands stolze Flotte war während des Ersten Weltkriegs im Grunde nur eine „fleet in being", die durch ihr Vorhandensein feindliche Seestreitkräfte band und einen Angriff auf die deutschen Küsten verhinderte. Dazu allerdings hätte eine weniger aufwendige Flotte gereicht.

Avisos, Schulschiffe, Küstenpanzer — die Schiffe der 90er Jahre wirkten eher zierlich als bedrohlich. Sie stammen alle noch aus der Zeit vor Wilhelms Regierungsantritt.

Meissner & Buch, Leipzig Marine-Postkarten 1. Folge, Serie 1015 Gesetzlich geschützt
S. M. Artillerie-Schulschiff „Mars."
Schiessen nach der Scheibe in der Kieler Bucht.
19. VIII. 99.

Stürmisches Wetter
in der Nordsee.
Lith.-Artist. Anstalt München, Serie 97 No. 21468
(vorm. Gebrüder Obpacher)
Willy Stöwer

Meissner & Buch, Leipzig Marinepostkarten, Serie 1000 Gesetzl. geschützt.
Torpedodivision unter Volldampf.

Auch hier Veteranen, die vor 1888 gebaut bzw. geplant wurden. Links unten das aus dem Jahre 1869 stammende, lange Jahre größte Schiff der Flotte, „König Wilhelm", 10761 t. Rechts in der Mitte die 10670 t große „Wörth" von 1893.

S. M. S. „CHARLOTTE"
das letzte Segelschiff der deutschen Marine
Hans Bohrdt

S. M. S. „Wörth".
Verlag von Gebr. Ladewigs, Wilhelmshaven
8. 1. 1902.
W. Roloff
Willy Stöwer

Grimme & Hempel Act. Ges. Leipzig-Schleussig. Künstler-Postkarten. Marine-Serie No. 10. Ges. gesch.
Willy Stöwer
30. Sept. 1898.
Hermann
Korvette „Augusta" einen Dampfer in Brand schiessend

Die Karten der Seiten 58—61 zeigen Schiffe, die in den 90er Jahren in der Marine liefen, als modernstes links „Kaiser Friedrich III“ von 1898, 11785 t groß und mit vier 24-cm-Geschützen.

Gruss aus
S.M. Panzerschiff „Wörth" vor der Ostmole in Swinemünde.

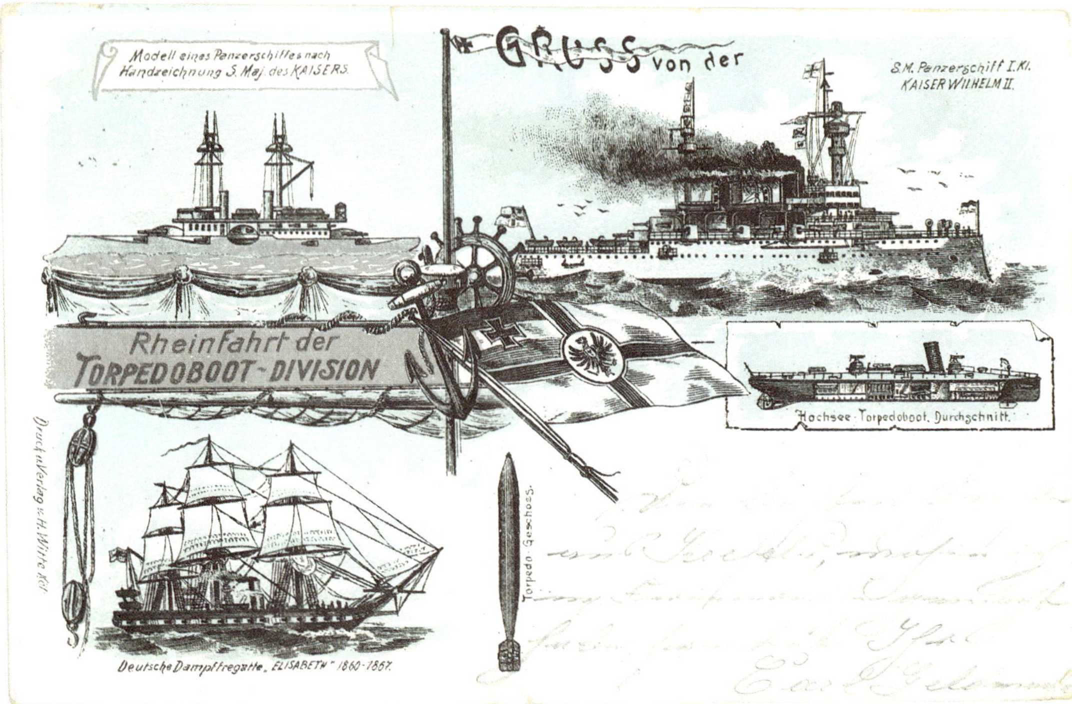
Modell eines Panzerschiffes nach Handzeichnung S. Maj. des KAISERS.
GRUSS von der
S.M. Panzerschiff I. Kl. KAISER WILHELM II.
Rheinfahrt der TORPEDOBOOT-DIVISION
Hochsee-Torpedoboot, Durchschnitt.
Torpedo-Geschoss.
Druck u. Verlag v. H. Witte Kiel
Deutsche Dampffregatte „ELISABETH" 1860-1887.

S.M. Panzerschiff III. Cl. Württemberg.

S.M. Yacht „Hohenzollern"
Parade abnehmend.
Meissner & Buch, Leipzig Marinepostkarten Serie 1000 Gesetzl. geschützt

S.M. Schulschiff „Stosch"
Rio Janeiro verlassend.
Meissner & Buch, Leipzig Marinepostkarten Serie 1000 Gesetzl. geschützt

Deutschlands Seewehr.
Druck u. Verlag v. M. Seeger, Stuttgart.
S.M.S. „AEGIR" (Küsten-Panzerschiff d. „Odin"-Klasse)
RAOUL FRANK

Im Ausrüstungs-Bassin.
Willy Stöwer
Werther Herr Marz!
Wissend daß Sie, gleich
Millionen, ein grosser
Bärenfreund sind über-
schicke ich Ihnen 2 Karten

Max. Krause Berlin.
S. M. S. BEOWULF
DIE
DEUTSCHE·KRIEGSMARINE

Verlag von Robert Parow, Swinemünde.
LOUIS GLASER LEIPZIG.
Heringsdorf. Torpedoboot an der Kaiser Wilhelmbrücke.

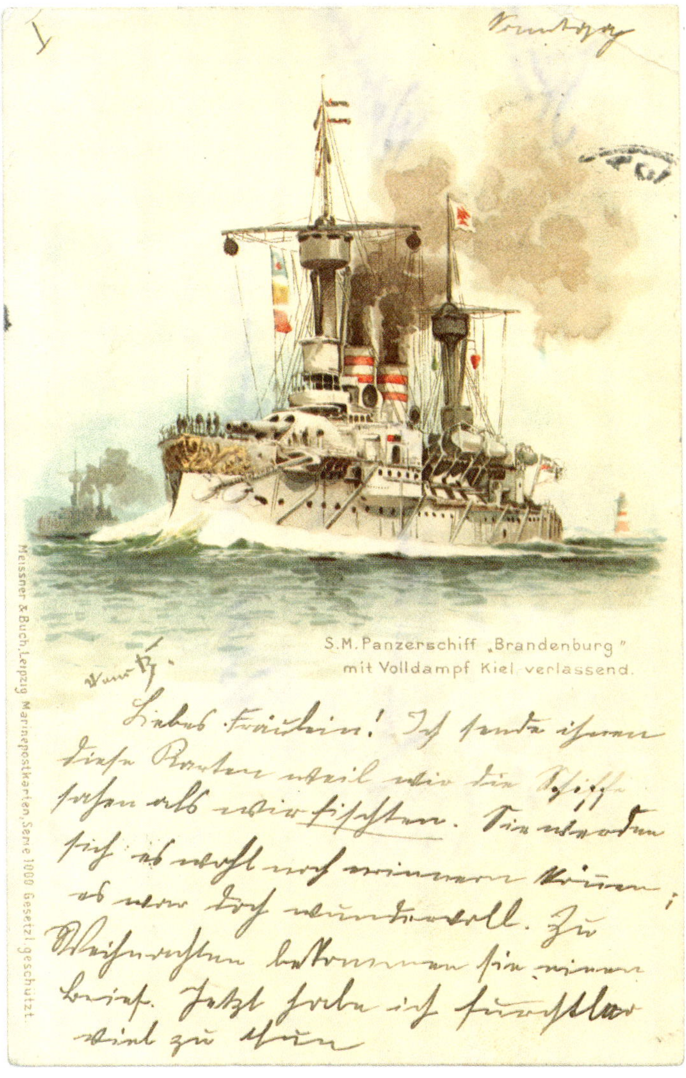
S.M. Panzerschiff „Brandenburg"
mit Volldampf Kiel verlassend.
Meissner & Buch, Leipzig Marinepostkarten, Serie 1000 Gesetzl. geschützt.

Kreuzer „Kaiserin Augusta"
Norwegischer Fjord.
Meissner & Buch, Leipzig Marinepostkarten, Serie 1000 Gesetzl. geschützt.

„Kaiser Wilhelm II", ein Schwesterschiff der „Kaiser Friedrich III", und Küstenpanzerschiffe der 1888—1896 gebauten „Siegfried"-Klasse, 3740 t, drei 24-cm-Geschütze.

Küsten-Panzerschiff „Frithjof"
Deplac.: 3500 ts.
Besatzung: 276
Stapellauf: 1891

S. M. S. Hagen

S. M. S. Siegfried

Torpedoboote, Kreuzer und Linienschiffe, rechts in der Mitte das Typschiff der „Deutschland"-Klasse, 13200 t, vier 28-cm-Geschütze, 1903 in Dienst gestellt.

Teurer Freund.
S.M.S. „Kaiser Karl der Grosse."
VERLAG VON GEBR. LADEWIGS, WILHELMSHAVEN.

S.M. Flaggschiff
„Deutschland" in der Biscaya

Hochsee-Torpedoboote
Kleiner Kreuzer „Danzig"

Linienschiffe aus der Zeit um die Jahrhundertwende, 11—12000 t groß mit vier 24-cm-Geschützen.

Große Kreuzer: „Scharnhorst" von 1908, 12985 t, acht 21-cm-Geschütze; „Prinz Adalbert" von 1904, 9875 t, vier 21-cm-Geschütze; „Hertha" von 1898, 6491 t, zwei 21-cm-Geschütze.

Auf der Rückseite der Karte:

Die deutsche Flotte um 1905.

1. Reichskriegsflagge
2. Kaiserin-Standarte

Auf der Rückseite der Karte:

1. Reichskriegsflagge
2. Kronprinzen-Standarte

Auf der Rückseite der Karte:

1. Reichskriegsflagge
2. Kaiser-Standarte

69 *Auf der Rückseite der Karte: 1. Reichskriegsflagge 2. Vice-Admiralsflagge*

Auf der Rückseite der Karte: 1. Reichskriegsflagge 2. Heimatwimpel

Auf der Rückseite der Karte: 1. Reichskriegsflagge 2. Stander der den Nordsee-Fischereischutz ausübenden Kreuzer. 3. Sächsische Nationalflagge

Schul- und Hilfsfahrzeuge um 1900. Das 1040 t große Kanonenboot „Adler", ab 1884 Kreuzer, war 1889 im Orkan vor Samoa gestrandet.

S. M. Schulschiff Stein
No. 34.

S. M. S. Charlotte

S. M. S. Grille.
No 73.

Auf der Rückseite der Karte:
1. Reichskriegsflagge
2. Flagge der Handelsschiffe, deren Offiziere des Beurlaubtenstandes sind.
3. Mecklenburgische Nationalflagge
4. Oldenburgische Nationalflagge

Auf der Rückseite der Karte:
1. Reichskriegsflagge
2. Hessische Nationalflagge

Auf der Rückseite der Karte: Deutschlands Kriegsflotte

Auf der Rückseite der Karte: Deutsches Linienschiff auf Patrouillenfahrt bei Helgoland A. Hubert

Auf der Rückseite der Karte: Marineeinheiten auf Manöverfahrten.

Linienschiffe und Großer Kreuzer aus den 1890er Jahren.

Kleine Kreuzer der ,,Gazelle''-Klasse, 1897-1904 gebaut, 3000 t, zehn 10,5-cm-Geschütze.

Auf der Rückseite der Karte: Großer Kreuzer Friedrich Karl bei Sturm und Wellen in der Nordsee. Willy Stöwer

Beliebte Gruß- und Andenkenkarten, wie es sie um 1914 von fast allen Schiffen der Kaiserlichen Marine gab.

Außer der „Hohenzollern" und ihren Begleitern stammen alle Schiffe auf dieser Doppelseite aus der Zeit vor 1888.

S. M. S. Hohenzollern nebst Begleitschiff und Depeschenboot Sleipner im Hafen von Swinemünde

S. M. S. Jaguar.

S. M. S. Pfeil

Die insgesamt 10 Linienschiffe der „Wittelsbach-" und „Braunschweig"-Klasse waren die ersten nach dem Flottengesetz von 1898 gebauten Großkampfschiffe.

81 *Mit U-Booten und den Schiffen der ,,Nassau,,- Klasse — hier die ,,Posen'' — begann um 1907 ein neuer Abschnitt des Flottenbaus.*

Auf der Rückseite der Karte: Kaisermanöver 1911

„Fürst Bismarck" von 1900 und Kleine Kreuzer verschiedener Klassen aus den ersten Jahren dieses Jahrhunderts.

S·M·S· BREMEN

S·M·S· KOLBERG

S·M·S· HAMBURG

Torpedoboote auf See

Schiffe, wie die hier und auf den folgenden Seiten bis S. 89 abgebildeten Fahrzeuge, begannen wegen der fortschreitenden Technik schon wenige Jahre nach Indienststellung hoffnungslos zu veralten. Trotzdem mußten sie in Dienst gehalten werden, bis die planmäßigen Ersatzbauten an der Reihe waren.

S. M. S. Niobe.

S. M. Unterseeboot I in voller Fahrt.
3053

S. M. S. „Thetis" Kleiner Kreuzer
4082

S. M. Artillerietender „Drache“

S. M. S. „Hannover“.

S. M. Kl. Kreuzer
Berlin

S. M. S. MÜNCHEN

S.M.S. „Gneisenau"

S·M·S· STUTTGART

Die vier Schiffe der „Nassau"-Klasse waren die ersten deutschen Linienschiffe nach der englischen „Dreadnought". 1910 in Dienst gestellt, 20535 t, zwölf 28-cm-Geschütze.

Diese erst um 1905 in Dienst gestellten 9000 t großen Panzerkreuzer waren um 1910 praktisch altes Eisen.

Kleine Kreuzer vom Typ „Königsberg" und „Dresden", 3800-4300 t, zehn 10,5-cm-Geschütze, ab 1907 in Dienst gestellt.

S. M. Linienschiff Schlesien

„Hessen", „Schlesien" und „Deutschland" waren Linienschiffe der „Deutschland"-Klasse, die letzten Vor-Dreadnought-Bauten. Unten die „Westfalen" der „Nassau"-Klasse.

„Schleswig-Holstein“, 5. und letztes Schiff der „Deutschland“-Klasse, und unten das dritte Schiff der „Nassau“-Klasse.

Schon beinahe 6000 t verdrängten diese modernen Kleinen Kreuzer, die ab 1911 vom Stapel liefen. Zwölf 10,5-cm-Geschütze.

96 *Das 1914 in Dienst gestellte U 25, 864 t, vier Torpedorohre.*

Torpedoboote hielt man bis in den Ersten Weltkrieg hinein für unentbehrliche Angriffswaffen bei einer Seeschlacht. Ihre Aufgabe bestand darin, im Schutz der eigenen Schiffe die gegnerischen Großkampfschiffe anzugreifen und zu torpedieren. Diese Taktik ist in der Skagerrakschlacht versucht worden, blieb jedoch erfolglos.

71
Hochsee Torpedoboot G 171 im Sturm.
Im Herbst 1912 durch Zusammenstoss mit S.M.S. „Zaehringen"
in der Nordsee gesunken.
3133

91
Hochsee Torpedoboot V 191
passiert die Rendsburger Hochbrücke im Kaiser Wilhelm-Kanal.
HAMBURG
3279

Turbinen-Torpedoboots-Division
62
64
39
32
63

Mit den Linienschiffen der „Kaiser"-Klasse und der „Helgoland"-Klasse, insgesamt neun Schiffen, hatte Deutschland seine Antwort auf den britischen „Dreadnought"-Typ gegeben. Ab 1911 in Dienst, 25—27000 t Verdrängung, zehn bis zwölf Geschütze 30,5 cm.

S.M.S. „Kaiser," Heck.
HAMBURG
3070

S. M. S. Friedrich der Große, Flottenflaggschiff

S. M. S. „König Albert".

S. M. S. „Thüringen". Schwere Artillerie.

Auslaufen
„S.M.

Geschwaders
eufsen".
3280

„Prinzregent Luitpold“ wurde 1913 als letztes der fünf Schiffe der „Kaiser“-Klasse in Dienst gestellt. „Helgoland“, „Oldenburg“ und „Ostfriesland“ gehörten zur „Helgoland“-Klasse, die vier Schiffe umfaßte.

S. M. S. Oldenburg

60
V.160 in Fahrt.
4052

S. M. S. „Ostfriesland."
112

Die Großlinienschiffe der „König"-Klasse: „König", „Großer Kurfürst", „Markgraf", „Kronprinz", rechts oben. 28600 t, zehn 30,5-cm-Geschütze.

Die beiden letzten von der Kaiserlichen Marine in Dienst gestellten Großlinienschiffe waren 1916 ,,Bayern'' und ,,Baden'', 32200 t, acht 38,1-cm-Geschütze.

Als letzter Großer 108
Kreuzer wurde 1908 die „Blücher“ in Dienst gestellt.

Aus den Großen Kreuzern entwickelte man die Schlachtkreuzer, schnelle, schwerbewaffnete Aufklärungsschiffe. Das erste Schiff, „Von der Tann“, kam 1910 in Dienst, 21300 t, acht 28-cm-Geschütze. Es folgten „Moltke“, „Goeben“, „Seydlitz“, „Derfflinger“, „Lützow“ und schließlich 1917 „Hindenburg“ mit 31500 t und acht 30,5-cm-Geschützen.

S.M.S. LÜTZOW

S.M.S. „Derfflinger" Panzerkreuzer
3326

Nr. 9. Hochseeflotte in Dwarslinie.

Signal:
„Ein glückliches Neujahr!
SMS MOLTKE
Meissner & Buch, Leipzig Marinepostkarten, Serie 1000. Gesetzl. geschützt
23. 6. 98

Der Dienst

Der besondere Charakter der Waffengattung Marine machte diese Teilstreitkraft bisweilen zu einem Staat im Staate. Ganze Orte und Industrieunternehmen „gehörten" der Marine, wie die Kriegshäfen Kiel und Wilhelmshaven oder die Kaiserlichen Werften in verschiedenen Städten. Marinebeamte verwalteten und regierten hier, und der militärische Dienstbetrieb gewann oft prägenden Einfluß auf die Eigenart der Städte und Betriebe.

Sehr deutlich trat der autonome Status der Marine natürlich an Bord zutage. Auf den vielen Dickschiffen, Kreuzern und den zahllosen schwimmenden Einheiten der Kaiserlichen Marine war der Kommandant unumschränkter Herrscher, besonders wenn die Schiffe in See waren. Für Individualisten war die Enge in der Kampfmaschine Kriegsschiff kaum ein geeigneter und erstrebenswerter Ort. Die optimale Funktionsfähigkeit erforderte eine schlafwandlerische Sicherheit der oft vielhundertköpfigen Besatzung bei der Abwicklung der dienstlichen Aufgaben. Dazu kam die Notwendigkeit eines blinden Sich-aufeinander-verlassen-Könnens. Dies alles wurde den Männern durch einen erbarmungslosen Drill eingeimpft. Dem sehr harten Dienst stand nur eine spärliche Freizeit gegenüber, die in spartanischen Räumen, an Bord zudem in drangvoller Enge, verbracht wurde. Der Umgangston dieser Männergesellschaft war bei den Unteroffizieren und Mannschaften rauhbeinig-kameradschaftlich, in den Offizierskreisen forsch und kommenthaft, so wie es der Kaiser vormachte. Dennoch, für den, der sich einzuordnen verstand, war diese Welt nicht die schlechteste. Es herrschte eine ausgleichende Gerechtigkeit, man hatte keine materiellen Sorgen, und man war nie allein und verlassen.

Trotz aller Härte und Einförmigkeit war der Dienst in der Kaiserlichen Marine für die damaligen Wehrpflichtigen etwas durchaus Erstrebenswertes. Über lange Jahre hinweg rekrutierte sich der Personalbedarf aus Freiwilligen. Verlockend war vor allem die Möglichkeit, fremde Länder kennenzulernen, was für den gemeinen Mann sonst normalerweise völlig unmöglich war.

Natürlich blieben die rasanten technischen Neuerungen nicht ohne Einfluß auf die Art und Zusammensetzung der Besatzungen. Es waren Welten, die die Glattdeckskorvetten der 70er Jahre von den modernen Schlachtschiffen des Jahres 1914 unterschieden. Hatten jene zur Bedienung der Takelage und zum Heizen der Kessel noch eine große Anzahl nicht weiter qualifizierter Leute an Bord und brauchten selbst die Artilleristen nur den direkten Beschuß zu können, so hatten auf den modernen Stahlfestungen fast nur noch ausgebildete Spezialisten Platz, die die empfindlichen Maschinen und die komplizierten Waffensysteme beherrschten. Trotz dieser Verschiebungen, die den technischen Laufbahnen an Bord der Schiffe schließlich eine immer größere Wichtigkeit zuwiesen, blieben Ingenieure und Techniker auf den Schiffen der Kaiserlichen Marine stets zweitklassig. Kommandanten und Befehlshaber kamen ausschließlich aus den Kreisen der seemännischen Laufbahn.

Unsere Marine
Löhnung an Bord

Unsere Marine
Beim Segelaufrollen

Kiel 20. 11. 04.
Unsre
Marine
Gewehrreinigen
an Bord
Gebr. Lempe, Kiel. No. 375

Moderne Technik galt es genauso zu beherrschen, wie das traditionelle Kutterpullen oder Segelbergen.

Kadetten in den Raaen
Dr. Trenkler Co., Leipzig. 9657

Am Torpedo Lancierrohr
Meissner & Buch, Leipzig Marinepostkarten, Serie 1000 Gesetzl. geschützt

C. Schön
Aufentern der Mannschaften zum Segelmanöver.

Musterung an Bord S. M. S. Friedr. Carl
Dr. Trenkler Co., Leipzig. 9649

Dienst und Freizeit bestimmten schon damals den Alltag der Matrosen.

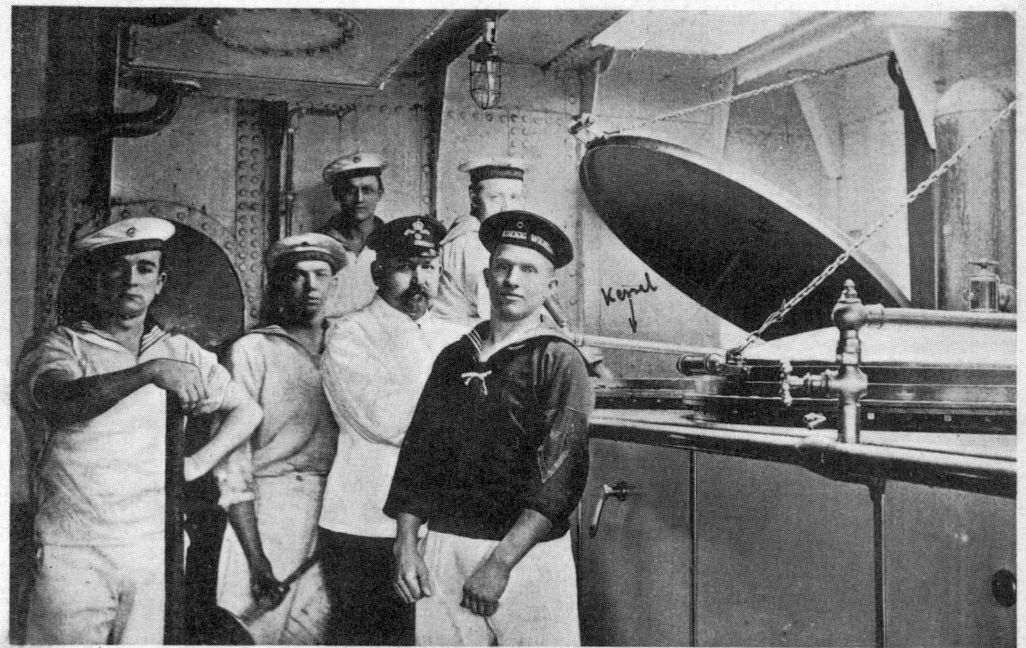

Küche an Bord eines Schulschiffes

Auch Landungsmanöver gehörten zum Dienstplan der Kaiserlichen Marine.

Wir Deutschen
fürchten Gott, sonst nichts auf
der Welt!
Einbooten
8508

Matrosen-Schmiede
in den Dünen.

Unsere Blaujacken beim Schinkenklopfen.

Auf der Rückseite der Karte:
Das an Bord der neuesten Groß-Linienschiffe verwendete 30,5-cm-Geschütz in Landlafette. Das Rohr ist 15,2 m lang

Die Bergung des Torpedoboctes ,S. 126
Das Torpedoboot „S. 126" wurde am 17. November 1905 gelegentlich eines Nachtmanövers von dem kleinen Kreuzer „Undine" gerammt. Das Boot

S.M.T.b.f.
S19

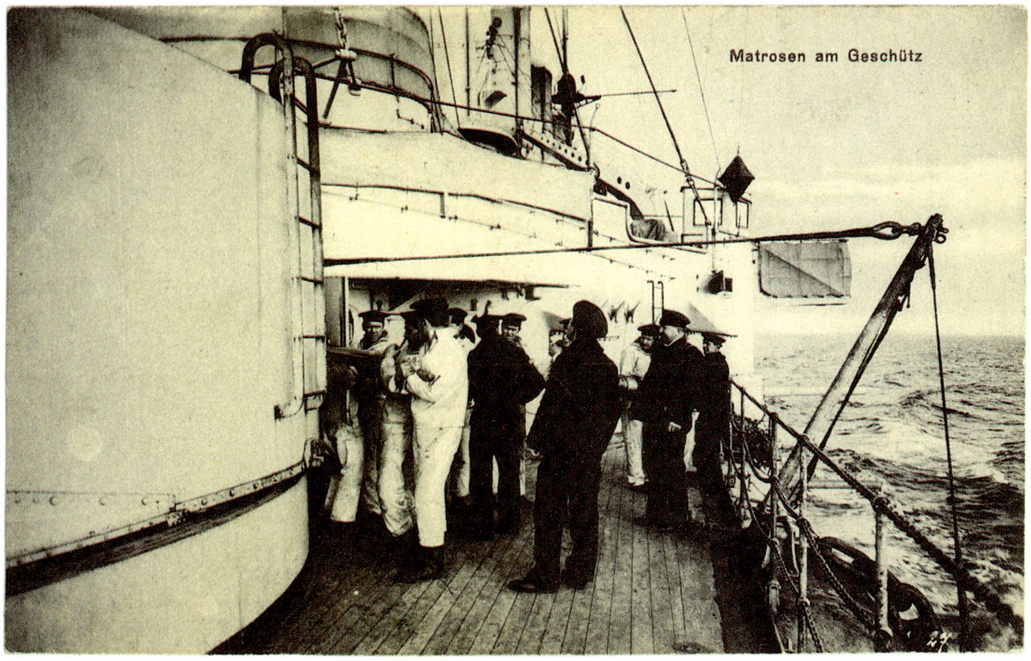
Matrosen am Geschütz

UNSERE MARINE.
Die Ankerlichtmaschine.

Zeugflicken an Bord
Dr. Trenkler Co., Leipzig. 9659

123 *Von dem harten Dienst der Heizer und Kohlenzieher vermittelt diese gestellte Aufnahme nur einen unzulänglich-andeutenden Eindruck.*

Kommandotürme der Unterseeboote.
HAMBURG
3050

Torpedos hielt man lange für eine Universalwaffe, die zur Standardbewaffnung auch großer Schiffe gehörte. Bedeutung als Seekriegsmittel erlangten Torpedos erst durch das U-Boot.

Deckaufklaren.

Nr. 10. Durchbruch der Torpedoboote.

Bei unseren Marine-Fliegern.

Einbringen eines Wasserflugzeuges.

127 *Auf der Rückseite der Karte: Geschützexerzieren am Maschinengewehr.*

Auf der Rückseite der Karte: Im Batterieraum eines Kriegsschiffes.

Die Torpedoboote waren die schnellsten Schiffe aller damaligen Kriegsmarinen.

Torpedoboot auf hoher See.

Strandung S.M Torpedoboot V.3.
bei Misdroy 11.4.13.

G. 133 Hochsee-Torpedoboot.
33

Gruss aus Wilhelmshaven
Werftthorgebäude

Die Häfen

Reichskriegshäfen der Kaiserlichen Marine waren Kiel und Wilhelmshaven, ab 1909 auch die Insel Helgoland. Das Kommando der Ostseestation der preußischen Marine war 1865 von Danzig nach Kiel verlegt worden, das in seiner Förde den Schiffen der Marine ausreichende Liegeplätze und ein gutes Übungsareal bot. Wilhelmshaven war von der preußischen Regierung von vornherein als Kriegshafen konzipiert worden. 1853 erwarb Preußen das Gebiet von Oldenburg, und 16 Jahre später konnte König Wilhelm I. die Hafenanlagen der neuen Stadt Wilhelmshaven einweihen.

Danzig, Kiel und Wilhelmshaven waren die Standorte der Kaiserlichen Werften, die ursprünglich für den Bau und die Instandhaltung aller deutschen Kriegsschiffe vorgesehen waren. In späteren Jahren, besonders unter Tirpitz, wurden dann aber immer mehr auch private Werften für diese Aufgaben herangezogen. Die Einrichtungen der Häfen und Werften wurden ständig den Anforderungen durch die größer werdenden Schiffe angepaßt.

1886 wurde durch Gesetz dann endlich ein seit Jahrhunderten von privater und staatlicher Seite gefordertes Projekt beschlossen, der Bau des Nord-

Ostsee-Kanals. 1895 mit großen Feierlichkeiten als Kaiser-Wilhelm-Kanal eingeweiht, bot der Kanal der deutschen Flotte fortan die Möglichkeit, in kurzer Zeit ungefährdet von der Nordsee in die Ostsee oder umgekehrt zu gelangen. Damit entfiel der navigatorisch gefährliche und im Kriegsfall zusätzlich bedrohte Weg um das dänische Kap Skagen. Auch die Anlagen des Kanals mußten ständig verbessert und vergrößert werden, 1907 wurden wegen der Schlachtschiffe der Dreadnought-Ära größere Schleusen und eine Verbreiterung des Kanals nötig.

Helgoland

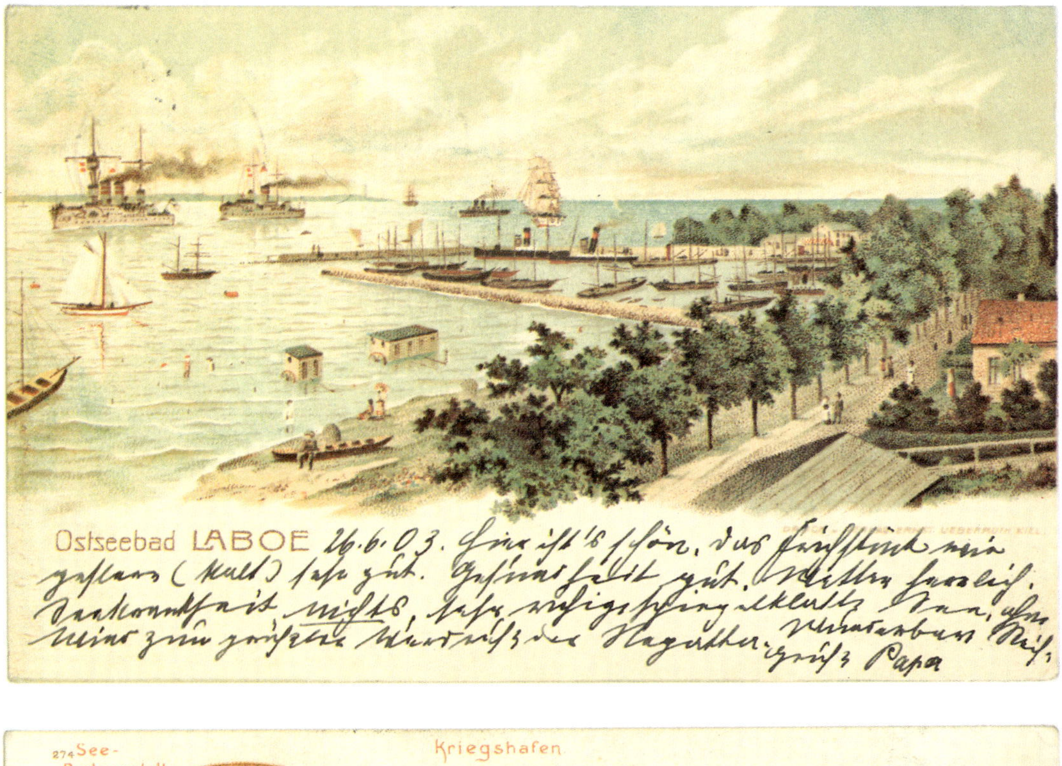
Ostseebad LABOE

274 See-Badeanstalt
Kriegshafen
Gruss aus Kiel
Friedrichsort
Leuchtthurm b. Friedrichsort.
Kunstanstalt J. Miesler Berlin S.

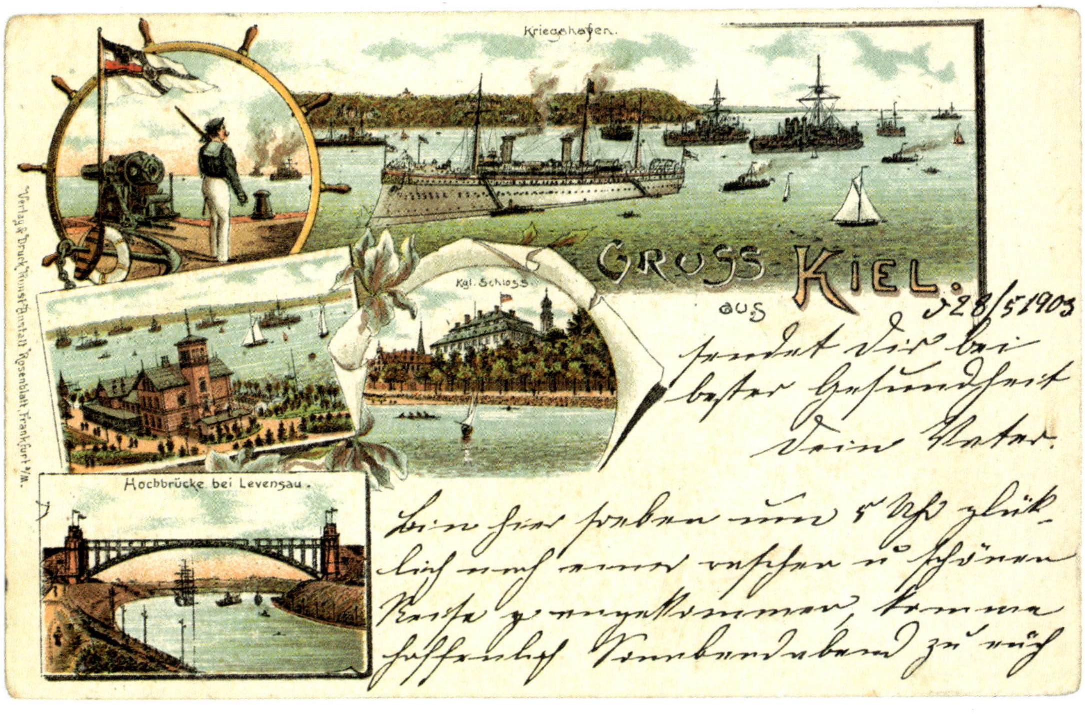
Kriegshafen.
Gruss aus Kiel.
Hochbrücke bei Levensau.

Kiel. Kriegshafen.

Onkel Heinrich
KIEL
Kruppsche Werft
No. 50c

Kiel-Gaarden
Blick auf die Kaiserliche Werft

Kiel. Am Wall mit Königl. Schloss.

Kiel-Holtenau. Blick auf die Schleusen des Kaiser Wilhelm-Kanals.

Kiel. Signalstation und Düsternbrook.

GRUSS
AUS KIEL
TRINK MER NOCH EIN TRÖPFCHEN
AUS DEM KLEINEN HENKELTÖPFCHEN.

Kiel Germaniawerft.

Kiel, Kaiserliche Werft.

Kiel. Kaiserlicher Yacht-Klub.

KIEL. KRIEGSHAFEN.

Kiel, Kriegshafen.

Werftanlagen in Kiel.

Großschwimmdock der Kaiserlichen Werft, Wilhelmshaven.

Auf der Rückseite der Karte: Das 40000-t-Schwimmdock mit Großlinienschiff „Ostfriesland".

139 *Kriegsschiffe im Bau an der Stettiner Vulcan-Werft.*

Auf der Rückseite der Karte: S.M. Kleine Kreuzer Cöln, Dresden, Stuttgart und Mainz im Hafen von Swinemünde.

Kiel-Wik. Die neue Ingenieur- u. Deckoffizier-Schule.

M. luckstädt & Münden, Hamburg
Kiel
Leuchtthurm bei Friedrichsort
9269

Kiel
Marineakademie

Wilhelmshaven. Signalstation

Wilhelmshaven
S. M. S. „Wörth" in der neuen Kammerschleuse
STADT WILHELMSHAVEN

Prinz Adalbert-Denkmal.
No 1684
Kaiser Wilhelm I. Denkmal.
Friedrich Andorff, Kunstverlag, Hamburg.
Gruss aus Wilhelmshaven
Werftthorgebäude

Wilhelmshaven
Kaiserl. Werft

Wilhelmshaven
Jm Reichskriegshafen

Wilhelmshaven
Hafenpartie

Flensburg. Marineschule
23

Flensburg. Schulschiffe bei Mürwik.

Marinestation Mürwik bei Flensburg

Blick in einen Torpedo-Fabrikations-Raum. Im Vordergrunde ein Torpedo fertig zum Gebrauch.

Unsere Unterseeboote im Hafen.

S.M.S. „v. d. Tann" im Dock.

Kleiner Kreuzer im Trockendock
047

S.M.S. „Lothringen"
passiert die Rendsburger Hochbrücke
258

S. M. S. „Vulkan",
Hebeschiff
für Unterseeboote,
passiert den
Kaiser Wilhelm-Kanal.

Kaiser-Tinte
Marineblau.
Hier send' ich Dir, doch nicht zum Spaß
'Ne Feder u. ein Tintenfaß;
Mir ist damit es bitter ernst,
Damit du endlich schreiben lernst.

Kitsch und ,,Humor''

Während laut Brockhaus eine strenge Scheidung zwischen Kitsch und Kunst schwer möglich ist, dürfte es über die Einordnung der auf den folgenden Seiten abgebildeten Postkarten unter dem Begriff Kitsch kaum Meinungsverschiedenheiten geben.

Man hätte dieses Kapitel durch Karten aus anderen Abschnitten dieses Buches leicht auf den mehrfachen Umfang bringen können, siehe z. B. bei ,,Der Kaiser und seine Marine'' und ,,Der Krieg''. Ebenso wäre es möglich gewesen, diese Kitschkarten in andere Kapitel einzufügen.

Manche der Karten werden heute nicht viel mehr als das berühmte müde Lächeln auslösen. Über andere Karten kann man dagegen durchaus schon wieder richtig lachen — wenn man nämlich die damals beabsichtigte mit der heute erzielten Wirkung vergleicht. Das gilt wohl besonders für jene Stücke, die humorig gemeint waren. Gar nicht humorig — im Gegenteil — waren viele der Beispiele von erotischem und politischem Kitsch gemeint. Sogar zur Frauenbewegung wurden schon Aussagen gemacht, über die einschlägig engagierte Damen hoffentlich hinwegsehen werden.

Als ich Abschied nahm......

Als ich wiederkam.....

„Torpediert"

Der „Heimathafen"

Im „Kielwasser"

Der „Kurswechsel"

Der „Hilfskreuzer"

Die „Werft"

8406
Was nützt denn dem Seemann
..sein Geld, ...
Wenn es doch in's
Wasser fällt.....

Raucher.
Raucher

Wie sich unsere Marine freut beim Eintreffen der Post!
Brief.
Packet.
Postanweisung.
7154
Porto-Ermässigungen
für Sendungen an Soldaten der Marine in Garnisonorten oder auf Schiffen innerhalb d. Reichsseegebiets.
Postkarten u. Briefe bis 60 Gr. kosten nichts. Postanweisungen bis 15 Mk. kosten 10 ₰ Packete bis 3 Kilo kost. 20 ₰
Postkarten, Briefe, Postanweisungen u. Packetadressen müssen den Vermerk tragen:
Soldatenbrief. Eigene Angelegenheit d. Empfängers.
Sendungen an Personen der Besatzungen solcher deutschen Kriegsschiffe die sich ausserhalb d. deutschen Reiches befinden müssen die Aufschrift tragen:
Durch Vermittelung des Hofpostamtes in Berlin.
Briefe bis 60 Gr. kosten 10 ₰ Postanweisungen bis Mk. 15- kosten 10 ₰ Zeitungen unter Kreuzband je 50 Gr. kosten 5 ₰
Einschreibsendungen, Nachnahmebriefe, Drucksachen andrer Art als Zeitungen, ferner Werth- u. Packetsendungen werd. durch das Marine-Postbureau in Berlin nicht befördert. - Die Abschnitte auf Postanweisungen dürfen Mittheilungen nicht enthalten.
Nachrichten:
den
Liebe
Gesundheit
Hunger
Durst
Geldbeutel
Dieses ist meine genaue Adresse
Diese Postkarte mit den Postnachrichten bitte ich gut aufzubewahren und oft zu benutzen. Ich beziehe mich auf Nebenstehendes.
Gute Gesundheit wünschend, verbleibe ich mit besten Grüßen

. . . ach wer da mitfahren könnte . . .

Sein Stolz und Glück!
Schau, wie des Schiffes Masten ragen!
Es ruft auch Dich in künft'gen Tagen!
399/1

Sein Stolz und Glück!
Nach Kampf mit Wogen, Wetter, Wind,
Ist all' mein Glück, mein Stolz: mein Kind!
399/3

Sein Stolz und Glück!
Einstmals kämpfst fern dem Heimatstrand,
Auch Du für Kaiser, Vaterland!
399/5

Sein Stolz und Glück!
Mein Stolz bist Du! — Mein höchstes Glück,
Dein Lächeln ist's, Dein Kinderblick.
399/2

Sieg der Marine
Daß du mich liebst, das fass' ich kaum,
Noch ist es wie ein schöner Traum.
5755/3

Sieg der Marine
Nun ist es endlich mir gelungen,
Ich habe mir dein Herz errungen.
5755/2

Sieg der Marine
Ich fühle höchste Seligkeit,
Denn du bist mein für alle Zeit.
5755/1

Sieg der Marine
O, sag, daß du mich innig liebst
Und dich mir ganz zu eigen gibst.
5755/4

Fräulein Leutnant zur See
Auf blauer Flut mit deutschem Mut!
7097

Fräulein Leutnant zur See
Klar zum Gefecht!
7097

Seemanns Abschied.
Der Sturm und die Wellen
wer mag ihnen trau'n
ich werde im Leben nie
wieder dich schau'n

Herzlichen
Glückwunsch
zum
Geburtstage
S. M. S. EMDEN
12812

Sagt, ist das Liebe, was hier so brennt?

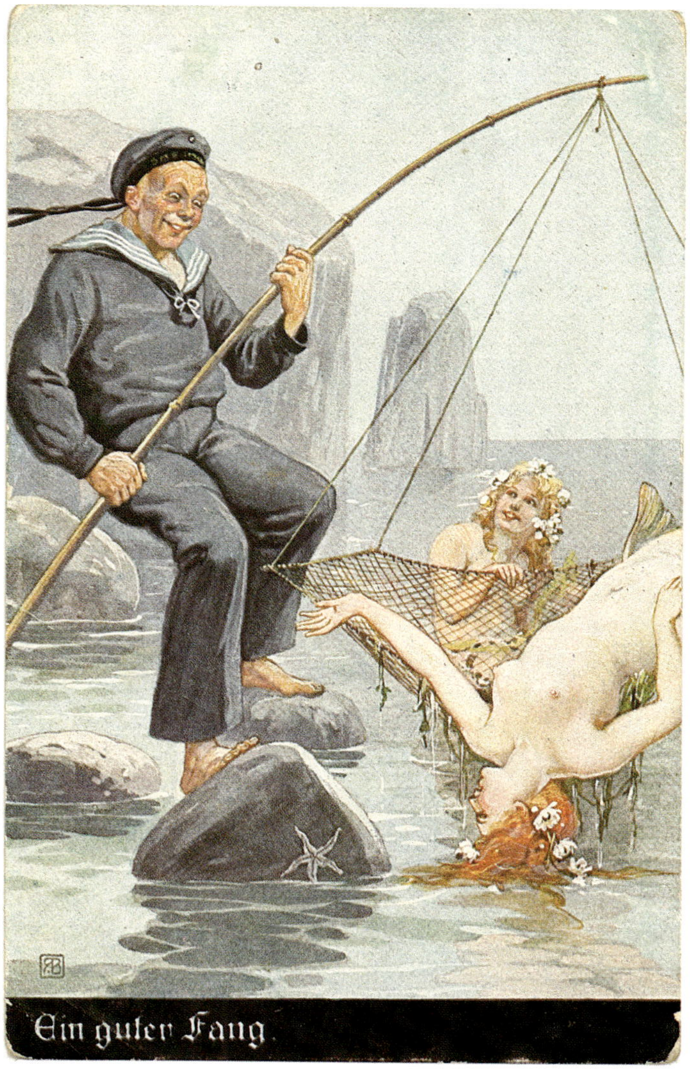
Ein guter Fang.

Der Seebär.

Der zukünftige Admiral.
Fritz Schönpflug pinx.

S.M.S. Sachsen

S.M.S. Deutschland

S.M.S. Braunschweig

Fröhliches Neujahr!

Fröhliche Pfingsten

Lith-Artist. Anstalt München, Serie 97 No. 21465
(vorm. Gebrüder. Obpacher.)

Der Krieg

Im August 1914 war dann passiert, was zwar alle als Möglichkeit in Kauf genommen hatten, dessen tatsächliches Eintreten man aber letztlich nicht gewollt hatte: Die Großmächte Europas lagen sich als Feinde gegenüber.

„Das George und Nicky mich so hintergangen haben", haderte Wilhelm II. mit dem Schicksal. Mit Nicky meinte er seinen Vetter, Zar Nikolaus II. Beide Monarchen konnten noch nicht ahnen, daß ihre Reiche das Kriegsende nicht überdauern würden. Man konnte sich auch noch nicht vorstellen, daß dieses Kriegsende erst in mehr als vier Jahren kommen würde. Wenn die Herbstblätter fielen, würde man wieder zu Hause sein, davon war man im August 1914 überzeugt. Nach außen hin gab es ohnehin nur strahlendsten Optimismus, in den das ganze Volk einstimmte. Die Bilder und Sprüche jener Tage sind hinreichend bekannt.

Die Marine, die noch kurz zuvor auf der Kieler Woche die freundschaftlichsten Kontakte zu den Seeleuten der Royal Navy gepflegt hatte, sah in eben diesen Briten nun ihren Hauptgegner, vor dem man sich in Acht zu nehmen habe und den man schlagen würde, wo immer man ihn träfe — in fairem Kampf natürlich. Mit solchen idealistischen Illusionen gingen die Menschen damals in den Krieg. Dessen Schrecknisse konnte man sich noch nicht so recht vorstellen, man wollte es wohl auch nicht, denn die Hoffnung währt stets am längsten. Die Feinde, davon waren die Deutschen überzeugt, hatten dem Deutschen Reich diesen Krieg aufgezwungen. Doch sie sollten die Deutschen schon kennenlernen. Man würde sich zu behaupten wissen, auch gegen eine Welt von Feinden.

Schon bald gab es die ersten Heldentaten der Marine zu feiern. Der Kleine Kreuzer „Emden" versetzte im Indischen Ozean die Feinde in Angst und Schrecken, deutsche Hilfskreuzer störten den gegnerischen Handel, im Mittelmeer waren die Kreuzer „Goeben" und „Breslau" den Briten entkommen und beherrschten jetzt den Bosporus, das kleine Unterseeboot U 9 hatte in der Nordsee in kurzer Zeit drei britische Panzerkreuzer versenkt, deutsche Seestreitkräfte hatten mehrmals die englische Küste beschossen, das ostasiatische Geschwader hatte bei Coronel im Pazifik einen britischen Kampfverband vernichtend besiegt, in der Ostsee beschossen deutsche Verbände Libau und U 26 vernichtete den russischen Panzerkreuzer „Pallada". Diesen deutschen Erfolgen der ersten Kriegsmonate standen kaum nennenswerte Verluste gegenüber.

Doch inzwischen bedeckte das Herbstlaub die Erde, ohne daß ein Kriegsende in Sicht war. Der Feind begann zurückzuschlagen. Im Dezember 1914 sank der Panzerkreuzer „Blücher" im Gefecht mit britischen Einheiten vor der Doggerbank, und das berühmte ostasiatische Geschwader des Grafen Spee wurde bei Falkland von den Briten vernichtet. Beide Male gab es hohe Menschenverluste.

Das Jahr 1915 brachte zum ersten Mal den uneingeschränkten U-Boot-Krieg, 1916 errang die deutsche Hochseeflotte vor dem Skagerrak ihren größten materiellen Erfolg. Das Jahr 1917 brachte noch einmal große Erfolge der U-Boote, aber auch den Eintritt der USA in das Völkerringen, das damit zum Weltkrieg wurde. Der Sommer 1917 sah die ersten Matrosenmeutereien auf deutschen Kriegsschiffen. Die tatenlos auf den großen Schiffen herumgammelnden Matrosen ärgerten sich über die bessere Verpflegung der Offiziere und die arrogante Behandlung durch diese. Der vielbeschworene Geist der Marine hatte den ersten Knacks bekommen. Das Jahr 1918 brachte weitere Matrosenrevolten, die durch die katastrophale Ernährungslage in Deutschland begünstigt wurden. Dazu kam die Angst, bei einer letzten Aufopferungsschlacht der Marine, einen sinnlosen Tod sterben zu müssen. Kommunistische Agitatoren nutzten die Situation geschickt für ihre Ziele aus. Schließlich endete der Weltkrieg für Deutschland mit Kapitulation und Revolution. Der Kaiser dankte ab.

Wenn die Ereignisse dieser letzten Kriegsjahre sich kaum noch in gedruckten Postkarten niederschlugen, dann lag das sicher nicht nur daran, daß man sie nicht darstellen wollte. Es gab im Deutschland von 1917 wichtigeres als Postkarten. Trotzdem stellten die Fotografen in den Kriegshäfen handgefertigte Fotopostkarten her, die auch die letzten Ereignisse des Krieges festhielten.

Die Geschichte der Kaiserlichen Marine endete 1919 mit einem Epilog besonderer Art. Den Deutschen sollte im Juni 1919 ein Friedensdiktat auferlegt werden, dessen politische Unvernunft die Saat zu neuen Konflikten enthielt. Der Befehlshaber der nach dem Waffenstillstand in Scapa Flow internierten deutschen Flotte, Admiral von Reuter, war von den Engländern über die Ereignisse im Juni 1919 völlig unzureichend informiert. Er glaubte nicht, daß die deutsche Delegation in Versailles unterschreiben würde, und er wußte, daß im Fall des Nichtunterschreibens wieder Kriegszustand herrschen würde. Die Briten wären also kampflos in den Besitz der intakten deutschen Hochseeflotte gekommen. Das zu dulden und dafür verantwortlich zu sein, war für von Reuter undenkbar. Am 21. Juni 1919 gab er den Befehl zur Selbstversenkung der deutschen Flotte.

Die Kaiserliche Marine gehörte der Vergangenheit an.

Das erste maritime Gefecht des Weltkriegs: Der Minenleger „Königin Luise" wurde in der Themsemündung am 5. August beim Minenlegen überrascht und vom Kreuzer „Amphion" und Zerstörern versenkt. Auf dem Rückmarsch sank auch der britsche Kreuzer, als er auf die von den Deutschen gelegte Sperre lief.

Auf der Rückseite der Karte: Untergang des Dampfers „Königin Luise" und des englischen Kreuzers „Amphion".

163 *Von August bis November 1914 erregte der Kleine Kreuzer „Emden" durch eine Reihe kühner und erfolgreicher Operationen im Indischen Ozean weltweites Aufsehen, ehe er von dem australischen Kreuzer „Sydney" versenkt wurde. Teile der Besatzung beschlagnahmen den Schoner „Ayesha" und fahren mit ihm Richtung Europa.*

Auf der Rückseite der Karte: Die „Emden", maskiert durch einen vierten Schornstein, vernichtet den russischen Kreuzer „Schemtschug". A. Hubert

Auf der Rückseite der Karte: Beschießung von Madras, Brit.-Ostindien, durch S.M. Kreuzer Emden. Nach einem Original von Prof. Willy Stöwer.

Auf der Rückseite der Karte: Der letzte Gruß Abschied des Kapitänleutnants Hellmuth v. Mücke und der „Emden-Mannschaft von S.M.S. „Ayesha" am 16. Dezember 1914. Nach dem Gemälde von Professor Hans Bohrdt.

Auf der Rückseite der Karte: Der europäische Krieg 1914/15 Nr. 3: Die Kreuzer Goeben und Breslau durchbrechen die englische Blockade in Messina (6. August).

Die Schiffe des ostasiatischen Kreuzergeschwaders kämpften im Novemer 1914 bei Coronel erfolgreich gegen britische Streitkräfte, wurden aber einen Monat später bei den Falklandinseln versenkt. Nur die „Dresden" entkam.

Auf der Rückseite der Karte: Seeschlacht bei Coronel (Chile) Im Vordergrund „Scharnhorst" und „Gneisenau", hinten brennend „Monmouth". A. Hubert

Die „Karlsruhe“ versenkte 17 Handelsschiffe, ehe sie im November 1914 nach einer Explosion sank.

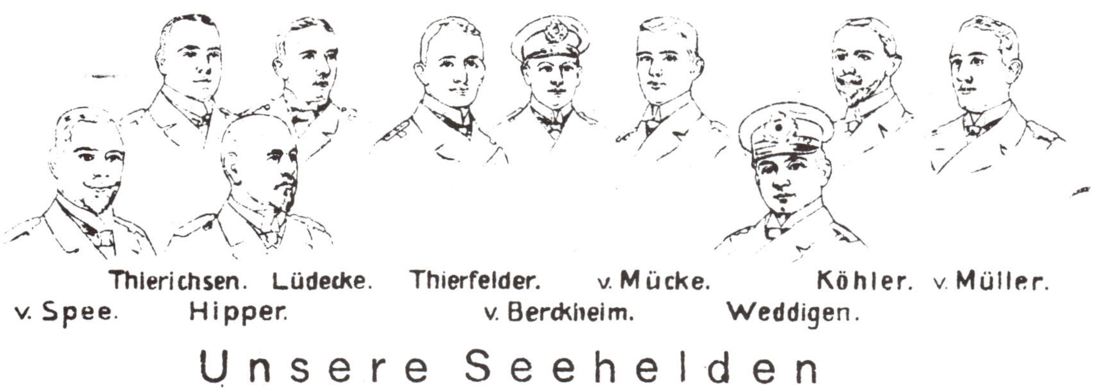

Die folgenden Seiten zeigen Porträts von Offizieren, die die Kaiserliche Marine aufgebaut hatten und die sie in Stäben und auf den Schiffen im Kriege führten. Die Namen dieser Männer waren damals allen Deutschen geläufig. Besonders die schneidigen Kommandanten der Kreuzer und U-Boote genossen große Popularität. Viele von ihnen bezahlten ihren Schneid mit dem Leben, und das bedeutete meist auch den Tod für ihre Untergebenen. Diese waren einzeln natürlich kaum auf Postkarten abgebildet.

Prinz Heinrich von Preußen

Groß-Admiral
v. Tirpitz
Original-
Aufnahme.
1705

Admiral v. Köster

Exzellenz v. Knorr, Admiral
Albert Meyer, Berlin
Inh. Schulz

Prinz Adalbert von Preussen.
Original-Aufnahme
Sandau
Hofphotograph, Berlin
Ø 2256
·1909·
Angef. von PHOTOCHEMIE
BERLIN. N.

Vizeadmiral von Lans
Chef des I. Geschwaders
5644
F. Urbahns,
Hofphot.
Kiel

5573
Admiral Scheer
Kommandant der Hochseeflotte
Alb. Meyer
Berlin

Admiral von Holtzendorff
6022
F. Urbahns,
Hofphot.
Kiel

Admiral von Pohl
Chef des Kaiserl. Deutschen Admiralstabes.
5252
F. Urbahns
Hofphot.
Kiel

Admiral von Spee
Kommandant des Geschwaders im großen Ozean
5011
Phot. Ferd. Urbahns
Kiel

Tsingtau, 18. August 1914
Ich einstehe für Pflichterfüllung
bis aufs Aeußerste.
4966
Phot. Ferd. Urbahns
Kiel
Kapitän zur See Meyer-Waldeck
Gouverneur von Kiautschou

Die beiden Söhne des Admirals Graf von Spee
Leutnant Graf Otto von Spee
an Bord S. M. S. „Nürnberg“
und
Leutnant Graf Heinrich von Spee
an Bord S. M. S. „Gneisenau“
starben den Heldentod in der Seeschlacht bei den Falklands-Inseln
am 8. Dezember 1914.
5136
F. Urbahns
Hofphot.
Kiel

Oberleutnant z. S. Steinbauer
6142
Phot. A. Rohwer.
Kiel

Kapitänleutnant Moraht
einer unserer erfolgreichsten U-Boot-Führer
6201
F. Urbahns
Hofphot.
Kiel

Kapitänleutnant Hans Walter,
versenkte das franz. Linienschiff „Suffren"
6148
Phot. A. Rohwer.
Kiel

Kapitänleutnant Max Valentiner
einer unserer erfolgreichsten U-Boot-Führer
6096
F. Urbahns.
Hofphot
Kiel

Kommandant S. M. S. „Möwe"
Korvettenkapitän Graf und Burggraf zu Dohna-Schlodien
5485
Sandau Berlin W.

Leutnant zur See Hans Berg
der heldenmütige Führer der Prisenmannschaft
S. M. S. „Möwe"
7639
Verlag von
Gustav Liersch & Co.
Berlin SW.
Phot. H. Nedell

Kapitänleutnant von Mücke
5092
F. Urbahns
Hofphot.
Kiel

Kapitänleutnant Hans Rose
führte das deutsche Unterseeboot U 53 von Wilhelmshaven nach New-York
5692
Phot. Berl. Jllustr. Ges.

Graf Luckner war sicher die schillerndste Persönlichkeit unter den Offizieren der Kaiserlichen Marine. Sein ebenso ungewöhnlicher wie ritterlicher Kaperkrieg mit dem Segel-Hilfskreuzer „Seeadler" machten ihn berühmt, und seine Erlebnisbücher und Vortragsreisen brachten ihm eine ungewöhnliche Popularität ein, die noch in unsere Zeit hineinreicht.

Kapitänleutnant Weddigen mit Gemahlin.

Der misslungene englische Fliegerangriff
auf Cuxhaven
25. Dezember 1914.

Feind in Sicht!

Karten mit verschiedenen Einzelmotiven aus dem Seekrieg. Luftschiffe spielten im Ersten Weltkrieg als Aufklärungsfahrzeuge, aber auch als Bombenträger eine Rolle. Die Großkampfschiffe links sind bei einem der Vorstöße der deutschen Flotte gegen die englische Küste dargestellt, hier die Beschießung von Scarborough im Dezember 1914.

S.M.S. YORCK GR. GESCH. KREUZER,
sank am 4. Nov. 1914 in der Jade
infolge Auflaufens auf eine Mine.
M.D.K.
5004

Beschiessung der japanischen Stellung von
Tsingtau durch S. M. Kanonenboot „Jaguar"
und den östreichischen Kreuzer
„Kaiserin Elisabeth".
Bahndorf 1914
Kr. 16 Tb
Verlag von
GUSTAV LIERSCH & Co
BERLIN S.W.

1123

Das Marineflugwesen steckte zu Beginn des Krieges noch in den Kinderschuhen, die Luftfahrt wurde aber im Laufe des Krieges atemberaubend schnell weiterentwickelt.

Auf der Wacht gegen England.
Deutsche Schlachtschiffe kampfbereit.
A 28
Mit Genehmigung der Illustrirten Zeitung, Leipzig.

21. September 1914
Der deutsche Kreuzer „Königsberg" beschießt den kleinen Kreuzer „Pegasus" im Hafen von Sansibar.
4931
C. Schön. Berlin.

S.M.Kreuzer Blücher
im Kampfe mit der englischen Flotte.
352

Berlin, 2. August 1914, 10 Uhr 20 Minuten.
Der kleine Kreuzer „Augsburg" meldet um 9 Uhr vormittags durch Funkspruch:
Bombardiere Kriegshafen Libau, bin im Gefecht mit feindlichem Kreuzer, habe Minen gelegt, Kriegshafen Libau brennt

Kitschig-trotzige Kartenmotive nach dem Motto „Nun erst recht!" Die Karte links stellt das notgewasserte Luftschiff L 19 dar, dessen Besatzung den britischen Fischdampfer „King Stephen" vergeblich um Rettung bat, ehe sie ertrank.

„Der letzte Mann" von Hans Bohrdt — rechts oben — ist wohl das bekannteste Marinegemälde aus dem Ersten Weltkrieg.

Heldentod auf hoher See

W.F.
„U 29"

Der Durchbruch der deutschen Kreuzer „Goeben" und „Breslau" aus dem Mittelmeer in türkische Gewässer brachte die Türkei auf der Seite der Mittelmächte in den Krieg und sperrte damit die Verbindung zwischen dem Mittelmeer und dem Schwarzen Meer.

Mit Genehmigung der Illustrirten Zeitung, Leipzig
Ein deutsches Torpedoboot rettet in der Nordsee
die Überlebenden des vernichteten engl. Kreuzers „Arabis"
A 405
E.P. & Co. A.-G. L.
Kurt Hassenkamp 1916

Auf der Verfolgung von englischen Kreuzern.
A 378 E.P. & Co. A.-G. L.
Claus Bergen

Minensuchboote beim Fischen von Minen.
Kurt Hassenkamp

Auf der Rückseite der Karte: Vernichtung des engl. Linienschiffes „Triumpf". Prof. Hans Bohrdt

Auf der Rückseite der Karte: Aus dem Seegefecht in der Nordsee am 24. Jan. 1915. Englischer Schlachtkreuzer im Salvenfeuer deutscher Kreuzer. Nach einem Original von Prof. Willy Stöwer.

Die Skagerrakschlacht am 31. Mai 1916, die größte Seeschlacht der Geschichte, die aus einem mehr zufälligen Zusammentreffen beider Flotten resultierte. Den Sieg in dieser eigentlich strategisch nutzlosen Schlacht beanspruchten beide Seiten für sich, und bei unterschiedlicher Betrachtung hatten beide recht. Die Deutschen hatten mehr Schiffe versenkt, aber die Briten hatten die Deutschen zum Rückzug gezwungen.

S. M. S. „Seydlitz“ nach der Skagerrak-Schlacht mit schweren Treffern in der Schleuse zu Wilhelmshaven. 131

Treffer auf Seydlitz (Back)

597. F. Finke, Wilhelmshaven.

Nach den Erfolgen der ersten Kriegszeit hörte man nach Skagerrak kaum noch etwas von deutschen Überwasserschiffen. Die Hilfskreuzer waren da eine Ausnahme, und der bekannteste und erfolgreichste war die „Möwe".

Auf der Rückseite der Karte: Wenn einer auf der Möve fuhr, dann kann er was erzählen. Prof. G. Koch

N
24/6
Die Besatzung der

Wem Gott will rechte Gunst erweisen,
:: Den schickt er in die weite Welt! ::
ngekehrten „Möwe“.
Foto.: Kloppmann

Der U-Bootkrieg

Bei Kriegsbeginn bestand die deutsche U-Boot-Waffe aus 14 älteren Booten, die einsatzbereit waren, und fünf modernen U-Booten, die sich noch in der Ausbildungsphase befanden. Man sah damals das U-Boot als eine Waffe an, die in erster Linie die Operationen der eigenen Überwasserschiffe unterstützen sollte. Die Boote hatten zudem Befehl, nur Kriegsschiffe anzugreifen. Den ersten Erfolg erzielte „U 21", als es am 5. September 1914 vor dem Firth of Forth den britischen Kreuzer „Pathfinder" versenkte. „U 9" gelang wenig später sogar die Versenkung von drei britischen Panzerkreuzern.

Im Admiralstab setzte sich allmählich die Meinung durch, daß die Boote im Handelskrieg besser eingesetzt werden könnten. Im Auswärtigen Amt befürchtete man jedoch negative Auswirkungen bei den Neutralen. Schließlich wurde im Februar 1915 ein genau bezeichnetes Gebiet um die britischen Inseln zum Sperrgebiet erklärt, innerhalb dessen jedes von einem deutschen U-Boot angetroffene Schiff warnungslos torpediert werden würde. Der „Lusitania"-Fall im Mai 1915, bei dem der 30000 BRT große britische Passagierdampfer von "U 20" versenkt worden war und mit 1200 Opfern sank, darunter viele Amerikaner, veranlaßte die deutschen

Behörden, den U-Booten wieder Beschränkungen aufzuerlegen. Während der Jahre 1915 und 1916 konnten sich die deutschen Verantwortlichen nie zu einer konsequenten Anwendung der wirksamen U-Bootwaffe entschließen, neutrale Proteste führen immer wieder zu Einschränkungen, zeitweise sogar zum praktischen Erliegen des U-Bootkriegs.

Erst am 1. Februar 1917 wurde endgültig der uneingeschränkte U-Bootkrieg verfügt, mit dem aber das angestrebte Ziel, England friedensbereit zu machen, nicht mehr erreicht werden konnte. 350 Boote stellte die Kaiserliche Marine von Kriegsanbruch bis

Oktober 1918 in Dienst, von denen 199 versenkt wurden. Die Boote vernichteten insgesamt 12 Mio. BRT Handelsschiffraums (6394 Schiffe) und 100 Kriegsschiffe. Der erfolgreiche Einsatz der deutschen U-Boote beeindruckte die Gegner so sehr, daß den Deutschen im Versailler Vertrag Bau und Besitz von U-Booten strikt untersagt wurde.

Auf der Rückseite der Karte: Getauchtes Unterseeboot in englischen Gewässern.

Auf der Rückseite der Karte: Prof. Willy Stöwer: Französische Barke wird durch deutsches U-Boot im Atlantik versenkt.

Auf der Rückseite der Karte: „Im Atlantik" nach einem Ölgemälde von K. Bloßfeld

Auf der Rückseite der Karte: Torpedierter engl. Handelsdampfer im Kanal wird von der Mannschaft verlassen. Prof. Willy Stöwer

22. September 1914.
vernichtet die 3 engl
Kapitänleutnant Weddigen.
URBAHNS, Kiel
„Aboukir“
„U 9“

s Unterseeboot „U 9" (Kapitänleutnant Weddigen)
Panzerkreuzer „Aboukir", „Hogue" und „Cressy"
„Hogue"
„Cressy"
4930

Auf der Rückseite der Karte: U-Boot schleppt Beiboote versenkter Handelsschiffe ab. K. Hassenkamp

Deutsche U-Boote
vor den Dardanellen!
Torpedierung der „Majestic"
am 27. Mai 1915
445

„U 53" glücklich zurückgekehrt!
Die Mannschaft.
6006
Kapitänleutnant Rose
Atelier Kloppmann,
Wilhelmshaven

Besatzung von S. M. U 21 — zurückgekehrt von der großen erfolgreichen Reise —
Kommandant Kapitänleutnant Hersing.
phot. Kloppmann
Wilhelmshaven.

Claus Bergen U-Boot geht zur Fernfahrt in See

Claus Bergen Die ersten Rauchwolken

Claus Bergen Begegnung mit Kameraden auf hoher See

Die Marinemalerei nahm im wilhelminischen Deutschland einen großen Aufschwung. Eine ganze Reihe der Vorlagen für Postkarten trugen die Signaturen berühmter deutscher Marinemaler wie Stoewer, Bohrdt, Rave und anderen. Claus Bergen, einer der ganz großen unter den deutschen Marinemalern, wurde durch seine monumentalen Gemälde der Skagerrakschlacht bekannt. Im Jahre 1917 erhielt er die Genehmigung, eine Feindfahrt auf „U 53" mitzumachen, die er u. a. in den Bildern dokumentierte, die die Vorlagen zu diesen zwölf Karten bildeten.

Claus Bergen **Der Mitternachtssonne entgegen**

Claus Bergen **Tauchen zum Angriff**

Claus Bergen **Im Atlantic**

Claus Bergen

Artilleriegefecht mit einer U-Boots-Falle

Claus Bergen

Der sinkende Dampfer

Claus Bergen

In Sicht der schottischen Inseln

Claus Bergen — Versenkung eines Seglers

Claus Bergen — Helgoland in Sicht

Claus Bergen — Wieder in der Heimat

G. FRANKE
Dir wollen wir treu ergeben sein,
So treu bis in den Tod,
Dir wollen wir unser Leben weih'n
Der Flagge schwarz, weiß, rot!

Heiliger Bund
siegreich fechte,
Im Kampfe für
Freiheit und Menschenrechte!

Lied des englischen Kapitäns.
(Frei nach Goethe.)
Unter allen Wassern ist — „U"!
Von Englands Flotte spürest du
Kaum einen Hauch . . .
Mein Schiff versank, daß es knallte —
Warte nur, balde
Versinkst du auch!

Junge, Junge, wat willst du woll
mit den bannigen Köder fangen?
Lat man Vading, da beisst ein
von die slauen Engelländschers
an.

Eine beliebte Spielerei waren die mechanischen Karten. Aus dieser Propagandakarte läßt sich am oberen Rand eine Lasche herausziehen, die den britischen Panzerkreuzer in den Fluten versinken und danach das siegreiche deutsche U-Boot auftauchen läßt, für dessen Kommandanten das jetzt oben sichtbare Eiserne Kreuz bestimmt ist.

Alle vaterländische Begeisterung und Freude über den erfolgreichen Kampf deutscher U-Boote gegen die britsch-amerikanische Nachschubschiffahrt im Atlantik konnten schließlich nicht mehr über die mißliche Lage des deutschen Kaiserreiches hinwegtäuschen.

Auf der Rückseite der Karte: Versenkung eines feindlichen bewaffneten Truppentransportdampfers durch deutsches U-Boot im Mittelmeer. Prof. Willy Stöwer

Auf der Rückseite der Karte: „Durch Unterseeboot torped. Dampfer". U-Boot-Tag in Bayreuth am 2. u. 3. Juni 1917

Auf der Rückseite der Karte: Deutsches U-Boot im Gefecht mit einem bewaffneten Handelsdampfer im Sperrgebiet. Prof. Willy Stöwer

Auf der Rückseite der Karte: Deutsches U-Boot im Eismeer. — Beschießung von Alexandrowsk. Prof. Willy Stöwer

Auf der Rückseite der Karte: Vernichtung eines engl. Handelsdampfers durch ein deutsches Unterseeboot. Nach einem Original von Prof. Willy Stöwer

Das Kreuzer-Geschwader der Hochseeflotte mit Zeppelin.

VERMISST!

S.M.S. U.29.
Durch England's Falschheit, Hinterlist
Du nun für uns gestorben bist.

Der Kaiser im Gespräch mit Kieler Werftarbeitern.

373

F. FINKE W'HAVEN

211 *Die deutsche Führung erkannte, daß die Opferbereitschaft des deutschen Volkes nach dem „Steckrübenwinter" 1917/18 nachzulassen begann. Der Kaiser, trotz seiner Popularität nicht gerade volksverbunden, wurde angehalten, durch persönliche Besuche bei den Soldaten und Arbeitern die Stimmung zu heben. Doch solche Gesten konnten den Lauf der Dinge nicht mehr aufhalten. Die rote Flagge der Revolution zeigte sich immer öfter. Nach dem Waffenstillstand inspizierten Kommissionen der Entente die deutschen Schiffe in den Kriegshäfen, um die Durchführung der Waffenstillstandsbedingungen zu kontrollieren. Die deutsche Flotte hatte Munition und Geschützverschlüsse von Bord zu geben und sich nach Scapa Flow zu begeben, wo sie interniert wurde.*

Die letzten Tage vor der
Internirung.

Die Abrüstung der Deutschen Flotte.
Zerstörer-Flottille. Klar zum Auslaufen.
139 b
Vert. F. Finke
Wilhelmshaven

1. Bayern
2. Baden
3. König
4. Markgraf
5. Großer Kurfürst
6. Kronprinz Wilhelm
7. Kaiser
8. Kaiserin
9. König Albert
10. Prinzregent Luitpold
11. Friedrich der Große
12. Hindenburg
13. Derfflinger
14. Seydlitz
15. Moltke
16. von der Tann
17. Cöln
18. Karlsruhe
19. Emden
20. Frankfurt
21. Nürnberg
22. Dresden
23. Brummer
24. Bremse
25. Torpedoboote
Der Befehlshaber der internierten
deutschen Flotte in Scapa Flow,
Kontreadmiral v. Reuter.
C. Engelsen
1919
Unsere in Scapa Flow in Ehren untergegangene Flotte.

213 *Am 21. Juni 1919 gab Admiral von Reuter den Befehl zur Selbstversenkung der internierten Flotte, weil er befürchtete, die Briten könnten bei Nichtunterzeichnung des Versailler Vertrages die deutschen Schiffe besetzen.*

„Hindenburg" ½ Stunde nach dem Versenkungsbefehl. (Hintergrund „Nürnberg.")

Der gesunkene Panzerkreuzer „Hindenburg."

So endete wenige Monate nach dem Kaiserreich auch des Kaisers liebste Waffe, seine Flotte. Auf unscheinbaren Dampfern kehrten die letzten Besatzungsangehörigen in ihre besiegte Heimat zurück.

Für 35000 gefallene Mariner gab es keine Rückkehr. Zu ihrem Andenken errichtete man das gewaltige Ehrenmal an der Kieler Förde — rechts —, das 1925 von einem Obermaaten der Kaiserlichen Marine angeregt und 1936 eingeweiht wurde.

Marine Ehrenmal Laboe. Turmhöhe 85 m. ü. d. M.
Entw. G. A. Munzer. Düsseldorf, Errichtet: N. S. Deutscher-Marine-Bund

Luftaufnahme

Dönitz